新时代健美操人才的培养与发展研究

周春娟◎著

中国原子能出版社

图书在版编目(CIP)数据

新时代健美操人才的培养与发展研究 / 周春娟著.
--北京:中国原子能出版社,2020.6
ISBN 978-7-5221-0637-3

Ⅰ.①新… Ⅱ.①周… Ⅲ.①健美操－人才培养－研
究－中国 Ⅳ.①G831.32

中国版本图书馆 CIP 数据核字(2020)第 109310 号

内 容 简 介

本书对健美操人才的培养与发展进行了系统研究,主要内容包括:新
时代健美操运动概述;新时代体育人才培养与理念解析;新时代健美操运
动人才培养的准备、实施与管理指导;新时代健美操教学人才——教师的
培养与发展研究;新时代健美操训练人才——教练员的培养与发展研究;
新时代健美操健身指导人才——指导员的培养与发展研究;新时代健美操
竞赛评判人才——裁判员的培养与发展研究;新时代健美操创编人才的培
养与发展研究;地方高校应用转型背景下健美操人才培养研究等。

新时代健美操人才的培养与发展研究

出版发行　中国原子能出版社(北京市海淀区阜成路 43 号　　100048)
责任编辑　张　琳
责任校对　冯莲凤
印　　刷　北京亚吉飞数码科技有限公司
经　　销　全国新华书店
开　　本　787mm×1092mm　1/16
印　　张　16.5
字　　数　214 千字
版　　次　2021 年 5 月第 1 版　2021 年 5 月第 1 次印刷
书　　号　ISBN 978-7-5221-0637-3　　定　价　80.00 元

网址:http://www.aep.com.cn　　E-mail:atomep123@126.com
发行电话:010-68452845　　　　　版权所有　侵权必究

前 言

2017年10月18日,中国共产党第十九次全国代表大会在北京开幕。报告中将中国发展新的历史方位——中国特色社会主义进入了新时代提了出来。在新时代的社会背景下,体育事业有了良好的发展环境和氛围,这对于所有的体育运动来说,都是非常有利的。早在改革开放之初,我国就对人才的重要性有了深刻的认识,并提出了重要的人才强国战略,可见国家对人才发展的重视。对于体育事业来说,人才更是处于众多发展影响因素中的首要位置,可以说,体育人才的综合素养与专业水平在很大程度上决定着体育事业的发展态势,因此,新时代体育人才的培养与发展是值得关注的重要课题。

健美操作为体育运动的一个重要内容,已经得到了显著的发展,并取得了一定的发展成效。但是,受各种因素的影响和制约,我国健美操运动的发展与世界强国之间的差距还非常大。这就需要在新时代中国特色社会主义思想的指引下,做好专业人才的培养与发展工作,以此来有效带动健美操运动的整体发展。从而尽快缩小与世界强国之间的差距,早日达到世界前列水平。鉴于此,特意撰写了《新时代健美操人才的培养与发展研究》一书,希望能够从健美操运动入手,来对新时代体育人才的培养与发展进行全面且深入的剖析和探讨,以此来引导包括健美操运动在内的体育事业获得长足发展。

本书共九章。第一章对健美操运动的基本知识以及在新时代的发展状况进行了阐述,为全书奠定了理论前提。第二章首先分析了体育人才及其培养的基本理论,然后深入解析了新时代体育观与人才观,并与新时代体育人才培养的现状相结合,提出了应对策略,这就从发展的角度,为后面健美操运动人才培养的具体实施奠定了时代基调。第三章是对新时代健美操运动人才培养的实践指导,主要涉及人才的选拔、成长和管理几个方面。第四章至第八章,是本书的重点,分别对新时代健美操教学、训练、健身指导、竞赛评判、创编几个方面人才的培养与发展进行了研究,能够为健美操运动人才的全面培养起到了科学、系统的指导作用。第九章则对地方高校应用转型背景下健美操人才培养进行了论述,时代特征鲜明。

在新时代中国特色社会主义发展的语境下,本书将其与健美操运动人才培养有机结合起来,在借鉴之前研究成果的基础上,从最新的时代发展角度入手,对健美操运动人才更加全面、细致的培养进行了重新的剖析和探索,最终,形成了独具特色的研究体系。下面就对本书的几个显著特点加以论述。

第一,体系完整且系统性强。本书按照"总—分"的结构,形成了完整且系统的知识体系,首先对健美操运动和体育人才培养理论和理念等基础理论进行了剖析,在此基础上,引入健美操运动人才培养的具体实施。读者能够切身感受到本书的结构明了,能够更好地进入到体系中进行研究。

第二,重点突出。本书的重点是第四章至第八章,这也是本书的主要内容。将健美操运动人才分为了教学人才、训练人才、健身指导人才、竞赛裁判人才以及创编人才几个方面,并详细分析了这些人才各自应具备的基本素质和职业技能,并且与新时代有机结合,对其具体的培养与发展创新进行了阐述,充分体现出了这部分内容的宽度与深度。通过对这部分的研究,能够有效弥补以往健美操人才培养研究中存在的不足,使读者有更加立体的阅读感受。

第三,切入点(立意)新颖。本书的新颖立意有两个方面。一个是与新时代的完美结合,准确把握时代脉搏,紧抓社会热点,这本身就已经是同类选题中的一个亮点。另一个是,本书对健美操运动人才进行了细致的划分,涉及教学、训练、健身指导、竞赛裁判和创编,这与以往研究中只涉及其中一个或部分方面不同,由此,能让读者对健美操运动人才了解和认识的深度和广度都更加显著。

第四,时代性鲜明。新时代贯穿本书始终,不仅在健美操运动、体育人才培养方面有所体现,更是在健美操各个方面人才的培养中有鲜明凸显,并且充分结合地方高校应用转型,在此时代背景下,各方面健美操人才专业能力的培养都有所发展和创新,需要我们用发展的眼光去看待,从而更好地促进健美操运动人才综合素养提升,进而带动健美操运动的全面发展。

本书在新时代的社会背景下,通过简洁凝练的语言、系统清晰的结构体系以及丰富全面的知识点,对健美操运动人才培养进行了全方位立体的剖析和探索,希望能够对当前健美操运动人才培养方面的研究有一定的补充和充实作用,并为健美操运动在新时代的发展注入新鲜的营养,促进其科学、迅速的发展。

本书在撰写过程中,参考并借鉴了该方面专家学者的研究成果和相关观点,在此表示最诚挚的感谢!另外,由于时间和水平有限,书中难免出现不足之处,敬请广大同行以及读者批评指正。

作　者
2019 年 11 月

目　录

第一章　新时代健美操运动概述

作为有效塑形健身的体育运动项目,健美操本身有着非常深厚的文化底蕴,且在健身、竞技以及教育等领域中都有很好的开展,这与其悠久的发展历史、显著的特点和价值等有着不可分割的密切联系。本章主要论述健美操运动的起源与发展、类型划分、特点与价值、术语及应用,以及新时代健美操运动基本状况。由此,不仅能够对健美操的基本知识有所介绍,还能对新时代健美操运动的发展状况有所探索,能够为后面的深入剖析奠定良好的基础。

第一节　健美操运动的起源与发展

一、健美操运动的起源

早在两千多年前,健美操就在古希腊产生了。古希腊人向来崇尚人体美,他们对人体的健美有着非常高的评价,认为其是世界万物中最匀称、最庄重、最和谐、最有生气和最完美的。同时,"体育锻炼身体,音乐陶冶精神"的主张也被古希腊人提了出来。

在古印度很早的时候也有一种瑜伽术出现并非常流行,其所包含的技术动作有很多种,比如常见的站立、坐、跪、卧、弓步等,这种瑜伽术综合了各种姿势、呼吸和意念,并且通过调身、调息、调心等方式,运用意识,来使身体得到良好的自我调节。

18世纪,德国著名体育活动家艾泽伦开设了培训体育师资的课程,哑铃、吊环等运动由此被创设出来。从某种意义上说,这些形式的锻炼,是现代体操的雏形,同时也是现代健美操的起源。

18世纪末到19世纪初期,以"体操运动之父"闻名的约翰·古茨·穆尔(1759—1839年),对体操进行了"体操应能使人感到愉快,体操练习应能使人得到全面发展"的论述,这对体操的发展产生了非常大的影响。

19世纪,欧洲的很多国家出现了不同种类和形式的体操学派,如法国、德国、瑞典、丹麦、捷克等。尽管这些不同的体操流派的教育思想、教学方法和动作技术各不相同,但不可否认的是,这些体操流派的发展因素都与现代健美操有着非常紧密的联系,也非常重视人体健康和优美、自然的全身动作、动作节奏流畅性。可以说,这是现代健美操的起源。

二、现代健美操的发展

(一)世界健美操运动的发展

现代健美操开始产生,是在20世纪60年代初。美国太空总署于1968年专门为航天员设计了体能训练计划。在此基础上,"健美操之父"医学博士库珀(Cooper)专门创编了一些动作,并且配上了与之相应的音乐,一种名为"Aerobics"的新的运动方式便产生了,其也被译为有氧运动或有氧健美操。1969年杰姬·索伦森将体操和现代舞结合起来,创编了健美操。20世纪70年代,健美操在美国兴起并逐渐发展起来,形成了一股热潮。

20世纪70年代末,健美操在众多推崇者的努力下逐渐发展成为一项独立的运动项目。其中,对健美操在世界范围内的发展作出杰出贡献的当属美国健美操代表人物——简·方达,她有"健美操皇后"的美誉。可以说,简·方达是通过健美操来保持身体健康和体态苗条的第一人。她不仅出版了健美操方面的书籍和录像带,还创造出"踏板健美操",这些都促进了健美操在世界各地迅速兴起和发展。与此同时,很多健身俱乐部、健美操中心也蓬勃发展起来。

　　1985年,美国首次举行阿洛别克(Aerobic)健美操比赛。参与比赛的健美操运动员有男有女,来自全美各地,他们热情且体力充沛,将造型美观、力度明显、变化多样、流畅舒展的男女单人、混合双人、女子三人的成套健美操充分展现出来,受到观看者的热烈欢迎。这次比赛,进一步推动了健美操的发展,由此,世界范围的"健美操热"也得以形成。

　　随着健美操运动的蓬勃发展,各种健美操运动组织不断出现。比如,1983年,国际健美操联合会(LAF)成立,总部设在日本。20世纪80年代中期,国际健美操与健身联合会(FISAF)成立,总部设在澳大利亚。1990年,国际健美操冠军联合会(ANAC)成立,总部设在美国。

　　自此之后,健美操的相关比赛就开始举行。比如,1998年5月,第4届世界健美操锦标赛在意大利卡塔尼举行;1999年,第5届世界竞技健美操比赛在德国汉威若举行;2000年,第6届世界竞技健美操比赛在德国里藤举行;2002年,第7届世界竞技健美操比赛在立陶宛举行。这些赛事的举行都对健美操的进一步发展与传播起到了积极的推动作用。

　　发展至今,健美操运动已经成为普及程度和受欢迎程度较高的运动项目之一。各个国家和地区都在不同的健美操领域有了各自的发展,并且取得了良好的成效。由此可见,健美操未来的发展前景也是非常值得期待的。

　　(二)我国健美操运动的发展

　　受世界健美操运动发展的影响和带动,我国于20世纪80年代初期也开始出现健美操的发展。随着我国改革开放的不断深入,健美操首先在高等院校得到普及。后来,一系列健美操方面书籍的出版以及各种新闻媒体对健美操的大力宣传,进一步推动了世界性的健美操运动在我国的发展。

　　再后来,为了进一步推动健美操在高校中的普及与发展,一些重点高校不仅开设了健美操的相关课程、成立了健美操相关的机构组织,还出版了健美操的教材和指导材料,对健美操在高校中的发展起到了积极的推动作用。

发展到 1987 年,健美操运动的普及程度越来越高。人们对健美操的接受度和喜爱程度都是居高不下,这与其新颖的锻炼方式和良好的健身效果不无关系,越来越多的健身爱好者投身其中。

除此之外,我国还积极参加了一系列的健美操国际重大赛事,比如,由 FIG 在法国举行的第一届世界健美操锦标赛、在日本举行的世界杯赛、在意大利举行的第二届世界锦标赛和在美国举行的 ANAC 世界锦标赛等国际赛事。这也在一定程度上标志着我国竞技健美操运动逐渐走向世界。

为了进一步推动中国健美操的发展,1992 年,我国相继成立了中国健美操协会和中国大学生体协健美操、艺术体操协会。除此之外,我国健美操运动员技术等级制度也有了进一步的完善。

第二节 健美操运动的类型划分

健美操运动的类型划分方法有很多种,较为常见的是将其分为三种类型,即竞技性健美操、健身性健美操和表演性健美操。每一种类型的健美操特点显著,同样,又可以进行进一步的类型细分,具体如下。

一、竞技性健美操

以竞赛规则与规程的要求为依据,而编排的健美操,就是所谓的竞技性健美操,艺术性、以比赛取胜是其主要特点。竞技性健美操是从传统健美操中发源并发展而来的。

竞技性健美操的表现形式主要为成套动作,由此,能够将连续的动作组合、柔韧性、力量与七种基本步伐综合反映出来,同时,还能与难度动作有机结合起来。"竞赛、取胜"是竞技性健美操开展的主要目的所在,因此,这就要求在始终遵循这一要求的前提下来设计竞技性健美操的技术动作,并且使其多样化程度不断提升,有效避免重复和对称性动作。

通常情况下,可以按照比赛的规模、项目、参赛年龄来对竞技性健美操的类型进行划分。

（一）按比赛规模划分

按照这一依据,可以将竞技性健美操的类型划分为以下两种。

1. 国际比赛

当前,国际上规模较大的竞技性健美操比赛有:国际健美操冠军赛、健美操世界锦标赛、健美操世界杯赛。

2. 国内比赛

当前我国大型的竞技性健美操比赛有全国健美操锦标赛、冠军赛、精英赛、全国大学生健美操锦标赛、全国职工健美操大赛和各行业、各系统的健美操比赛及非正式的通级赛和各省市的比赛等。

（二）按比赛项目划分

男子单人操、女子单人操、混合双人操、3人操、6人操(不分性别)。

（三）按参赛者年龄划分

按照这一依据,可以将竞技性健美操类型划分为成年组和少年组。其中,运动员满18周岁可以参加成年组比赛,少年组比赛在成套动作难度的选择上有所限制。

二、健身性健美操

健身性健美操也称为大众健美操,"锻炼身体、保持健康"是其主要目的所在,动作简单、实用性强、音乐速度可控制、动作多有重复是其主要特点。在进行健身性健美操练习时,要注意严格遵守"健康、安全"的原则,使运动损伤得到有效避免。按不同标准,可对健身性健美操进行以下类型的划分(图 1-1)。

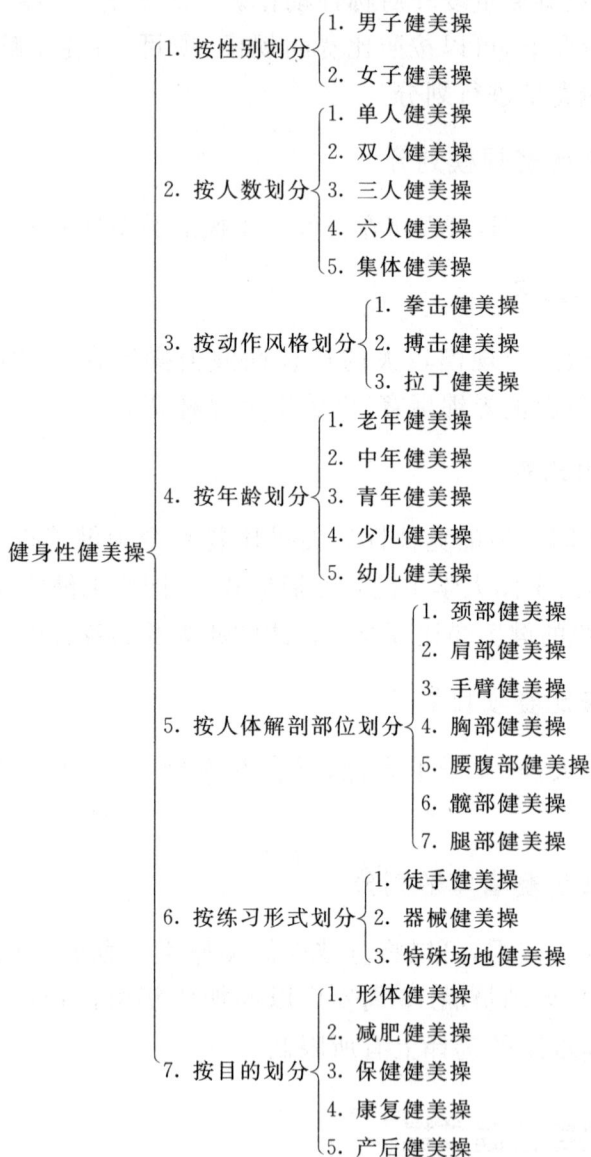

```
                              ┌ 1. 男子健美操
              1. 按性别划分 ┤
                              └ 2. 女子健美操
                              ┌ 1. 单人健美操
                              │ 2. 双人健美操
              2. 按人数划分 ┤ 3. 三人健美操
                              │ 4. 六人健美操
                              └ 5. 集体健美操
                              ┌ 1. 拳击健美操
              3. 按动作风格划分┤ 2. 搏击健美操
                              └ 3. 拉丁健美操
                              ┌ 1. 老年健美操
                              │ 2. 中年健美操
              4. 按年龄划分 ┤ 3. 青年健美操
                              │ 4. 少儿健美操
                              └ 5. 幼儿健美操
健身性健美操┤                  ┌ 1. 颈部健美操
                              │ 2. 肩部健美操
                              │ 3. 手臂健美操
              5. 按人体解剖部位划分┤ 4. 胸部健美操
                              │ 5. 腰腹部健美操
                              │ 6. 髋部健美操
                              └ 7. 腿部健美操
                              ┌ 1. 徒手健美操
              6. 按练习形式划分┤ 2. 器械健美操
                              └ 3. 特殊场地健美操
                              ┌ 1. 形体健美操
                              │ 2. 减肥健美操
              7. 按目的划分 ┤ 3. 保健健美操
                              │ 4. 康复健美操
                              └ 5. 产后健美操
```

图 1-1

三、表演性健美操

表演性健美操,实际上就是以表演为主要表现形式的健美操类别,不同表演性健美操在目的、场合、要求、表演者等方面是有所差别的,通常见于各种节日庆典和宣传活动。表演性健美操的主要特点是人数不限、时间不等。

表演性健美操是非常注重表演效果的,因此,这就对其中的一些因素提出了较高的要求,比如音乐效果、动作设计、队形变化、表演者的动作质量及表现力等。一般的,表演性健美操的动作难度是中等的,处于健身性健美操和竞技性健美操之间,动作风格及表现与音乐风格的协调统一是其所强调的重点,因此音乐往往重新制作或进行修改以达到表演要求。

表演性健美操成套动作的创编对艺术性和观赏性更加注重,其不仅能够给人以艺术享受,同时还能使人们充分感受健康、活力、自信,又因其不受人数、时间、服装、规则、形式等条件的限制,较为灵活自由,故是一种人们喜爱的、积极向上的并与艺术紧密结合的表演形式。表演性健美操成套时间一般为 2~5 分钟,有着非常丰富的内容,比如,最常见的有传统健美操、有氧拉丁操、有氧搏击操、健身街舞、踏板操、健身球操等形式。

为了取得最佳表演效果,通常成套动作较少重复,队形变化迅速而清晰,集体配合动作新颖独特,以达到烘托气氛、感染观众、增加表演效果的目的。在成套动作中加入更多的队形变化和集体配合的动作。除此之外,表演者不仅要具备较好的协调性,还要有一定的表演和集体配合意识。

第三节 健美操运动的特点与价值

一、健美操运动的特点

(一)群众基础广泛

健美操本身对场地、环境、气候等外部条件的要求就非常低,再加上其多样化的内容、灵活多变的运动量,广大群众都可以参与其中,只需根据每个人的实际情况来对相应的运动负荷和难度进行适当调整。比如,音乐节奏感小、强度低的有氧练习对中老年人来说是较为适宜的,由此,能够达到有效锻炼身体、娱乐身心、增进健康的目的;而节奏感较强、难度性较大、运动量较大的竞技性健美操则对身体素质较好的年轻人较为适宜,由此能够使其体质和技术水平都得到有效提升。

健美操不仅能够带来充满热情的良好情感体验,还能使人们对健美、自娱自乐的追求得到满足,这也是广大群众喜欢健美操的主要原因所在。

(二)节奏感和韵律感强

节奏感和韵律感强是健美操运动的一个显著特点。健美操节奏性在很多方面都有体现,比如呼吸和心率方面的生理节奏,运动节奏,以及时空节奏、音乐节奏、色彩节奏等。实际上,可以将健美操看作是在音乐节奏鲜明情况下所进行的一种身体练习形式。

健美操运动离不开音乐,而音乐正是节奏感的来源。一般来说,健美操的音乐主要是借助于现代音乐和特点鲜明的民族乐曲而产生的,音乐中不断发生变化的节奏性,便为健美操运动带来了鲜明的时代气息和韵律感。同时,这对于人们参与健美操运动的热情也有着积极的渲染作用。

(三)展现优美的力度性

健美操中最基础的动作就是以力量性为主的徒手动作,由此,能够综合展现出健美操运动员的力量、力度、弹力、活力。健美操的主要目的是人体健康与美丽,因此,其将人体语言艺术和体育美学完美地融为一体,这也就赋予了其显著的观赏性以及优美的力度性。这主要体现在"健、力、美"的项目特征上。在健美操运动中,不管是什么类型的健美操,都将"健、力、美"的特征充分体现了出来。

（四）保证健身的安全性

健身性健美操本身就是一种适合广大群众健身的运动项目，并且针对大众普遍接受的程度，确定了相应的运动负荷、运动强度、运动时间、运动节奏及运动量等。因此，不同体质的人群都可以参与到健身性健美操的运动锻炼中来，同时，人们在平坦的地面上，在节奏欢快的音乐声中进行运动，不仅能取得理想的锻炼效果，还能有效保证安全性。

（五）体现发展的创新性

竞技性健美操对成套动作的要求非常高，必须展示创造性就是其中要求之一，具体来说，就是在运动展示的环节中，必须有一个是原创的。健美操之所以能发展至今，并且受到人们的普遍欢迎与喜爱，与其发展创新的特点是分不开的。这可以从很多方面得到体现，比如，动作的组合形式、成套动作的编排、集体动作的配合、队形的变化、音乐的选配、健美操器械以及教学方法手段等方面，都能够不断在原来的基础上不断创新。

二、健美操运动的价值

（一）全面促进身体健康的价值

健美操这项以身体操练为主的体育项目，与田径、球类以及水上、冰上等特定环境下的运动项目之间都有着较大的差异性。具体来说，健美操具有"人为性"特点，是一项全身性的体育运动，它的运动形式是人们按照自身需要而人为地创造动作去进行练习的，全面发展身体，使头部、肢体各个部位、关节、肌肉和器官都能得到锻炼，是其所强调的重点。为了达到增强体质的目的，可以科学地通过改变身体姿势、动作方向、动作路线、动作频率、动作速度和动作的节奏，从而创编出适合不同人群或个体需要的练习。同时,也可以以不同对象、不同目标为依据,有针对性的选择或编排动作进行健美操锻炼。健美操本身就是一项有氧运动,因此,其所具有的健身功效也是非常显著的。经常进行健美操锻炼,练习者的心脏总体积指数会比较大,且吸氧量的增加程度明显。除此之外,健美操还能使人的心肺功能、心肌能力增强,减小心肺呼吸系统疾病发生的概率,且兼有发展身体柔韧性和灵敏性的作用。

由此可以看出,健美操是一项轻松、优美的体育运动,在健身的同时带给人们艺术享受,使人心情愉快、陶醉于锻炼的乐趣中,从而减轻了心理压力,促进了心理健康发展,使健身的效果得到强化,使人体达到最佳机能状态。

(二)丰富群众业余生活的价值

人类的社会文化生活丰富多彩,是由很多因素构成的,而体育就是其中一个重要组成部分。人们通过在业余时间参与体育运动来达到强身健体、娱乐身心、促进交流的目的。随着健美操运动在世界范围的蓬勃开展,各类健美操比赛名目繁多,这就为人们观赏健美操比赛提供了机会,这对于人们业余文化生活的充实与丰富是非常有利的。

为准备比赛或表演,运动员与表演者需要在时间和精力上有所付出,而比赛或表演本身也能使人们自我表现的欲望得到较好的满足,达到了娱乐身心的目的。对观众来说,观看比赛或表演就是一种娱乐行为,其在欣赏过程中得到"美"的享受与体验,振奋了精神,丰富了业余文化生活。

(三)引领运动健身新潮流的价值

当前,健身、休闲、娱乐已经逐渐成为人们的日常需要,尤其是《全民健身计划纲要》全面推行以来,广泛的宣传和教育让越来越多的人了解到体育运动的功能,认识到了体育运动对人体的重要意义,由此便激发了人们参与体育运动的兴趣和积极性。人们的思想、观念发生转变之后,就会在健康投资上形成一定的自觉性,也正因为如此,全民健身才逐渐发展成为一股热潮。

健美操的兴起时间较晚,作为一项新兴的体育运动,健美操受到人们的喜爱与其独特魅力密不可分,比如较为显著的健身、健美、保健、医疗、娱乐价值。除此之外,其在控制体重、减肥、改善形体、提高协调性和韵律感方面产生的影响也不可忽视。目前,健美操不仅在学校中广泛开展,还在广大社区、媒体上广泛传播开来,更多的人认识了健美操并加入健美操锻炼中来。

第四节　健美操运动的术语及应用

一、健美操运动常见术语

健美操运动的常见术语,实际上就是准确说明技术动作所用到的简练语言。通常,健美操运动的常见术语包括场地方位术语、动作关系与连接术语、运动方向与形式术语、运动轴与运动面的术语这几个方面。

（一）场地方位术语

把开始确定的一面,通常是指主席台、裁判席的这一面,定为基本方位的第一点,然后按照顺时针方向旋转,每旋转45°,就是一个基本方位,以此可以将场地划分为 8 个基本方位即 8 个点（图 1-2）。

（二）动作关系与连接术语

1. 健美操动作关系术语

通过健美操动作关系术语,能够将不同健美操动作之间的关系清晰地表述出来。

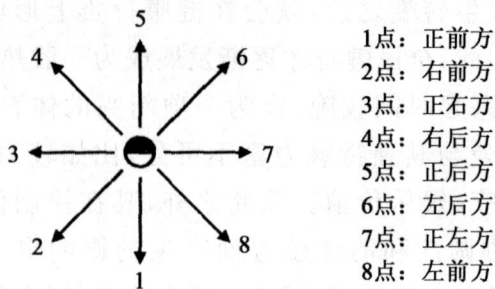

1点：正前方
2点：右前方
3点：正右方
4点：右后方
5点：正后方
6点：左后方
7点：正左方
8点：左前方

图 1-2

同时：两个或者多个动作在同一时间内完成。

依次：不同肢体部位接连做性质相同的动作。

交替：肢体和动作在不同的情况下，反复多次进行。

同侧：主要指上肢或下肢，所处身体方位是相同的。

异侧：动作由不同侧的肢体配合完成。

对称：左右侧肢体所做的动作相同，方向相反。

不对称：左右肢体所做的动作的方向不一致。

2. 健美操动作连接术语

通过健美操动作连接术语能够将一个连续健美操动作的先后顺序及关系清晰地表述出来。

由：动作开始时的方位。

接：两个单独动作之间强调要求连续完成。

经：动作过程中须强调经过某一特定位置时用经。

至：指明动作须到达的某一特定部位，如两臂还原至体侧。

成：指明动作应完成的结束姿势，如右腿向侧迈一步成分腿半蹲。

（三）运动方向与形式术语

1. 健美操运动方向术语

健美操运动方向术语，就是指健美操运动者身体各部位运动的方向。

在健美操运动中,表示运动者的运动方向的术语主要有以下这些。

向前:向胸部所对的方向。

向后:向背部所对的方向。

向侧:向肩侧所对的方向,但是先要将左侧或右侧先确定下来。

向上:向头顶所对的方向。

向下:向脚底所对的方向。

向内:肢体由两侧向身体中线。

向外:肢体由身体正中线向两侧。

同向:不同肢体向同一方向运动。

异向:两个肢体向相反方向运动。

中间方向:指两个基本方向之间 45°的方向。

斜方向:三个互成 90°的基本方向之间的方向。

顺时针:转动过程与时针运动方向相同。

逆时针:转动过程与时针运动方向相反。

2. 健美操运动形式术语

健美操的运动形式术语是健美操运动中使用最多的对动作具体描述的用语,以下这几种就是比较常见的健美操运动形式术语。

举:手臂或腿向上抬起,在一定位置停下。

伸:身体某一部位形成一定角度后伸直,如伸臂。

屈:身体某一部位形成一定角度,如体前屈。

撑:手和身体某部分同时着地的姿势,如俯卧撑。

倾:身体与地面形成一定角度,如前倾。

蹲:两腿屈膝站立的姿势有半蹲和全蹲,屈膝约 90°的站立称为半蹲。

跪:屈膝并以膝着地的姿势。

坐:以臀部着地的姿势。

卧:身体躺在地上的姿势,如仰卧。

摆:臂或腿在某一平面内由一个部位运动到另一个部位的动

作,不超过 180°。

绕(绕环):身体部分转动或摆过 180°以上(360°以上称绕环)。

提:由下向上做运动。

沉:身体某部分放松下蹲的动作。

含:两肩胛骨外开,胸部内收。

挺:一般指胸部或腹部向前展开。

收:向身体正中线靠拢或还原到起始位置。

推:以手作用于地面或对抗性用力。

夹:由两侧向中间收紧,如夹肘。

振:臂或上体做大幅度的加速摆动作,如振臂。

踢:腿由低向高做加速有力的摆动动作,如侧踢。

蹬:腿部由屈髋到伸直发力的过程,如蹬地。

控:身体或肢体(等)抬在一定的高度上,并保持一定的时间。

转体:绕身体纵轴转体的动作,如单脚转体、水平转体。

跳跃:双脚离地,身体腾空并保持一定的姿势。

交叉:肢体前后或上下交叠成一定角度,如手臂交叉、交叉步。

劈叉:两腿分开成直线着地的姿势,如横叉、纵叉。

水平:身体保持和地面平行的一种静止动作。

波浪:身体某部分邻近的关节按顺序做柔和屈伸的动作。

(四)运动轴与面的术语

从人体解剖学的角度上来说,人体往往会被分为三个相互垂直的基本切面和三个相互垂直的基本轴(图 1-3)。在健美操运动中的运动方位也遵循这一划分标准,具体如下。

水平面:横切直立人体与地面平行的切面。

矢状面:沿身体前后所作的与水平面垂直的切面。

额状面:沿身体左右径所作的与水平面垂直的切面。

矢状轴:又称"前后轴",是前后平伸与水平面平行,垂直于额状轴。

额状轴:又称"横轴",是左右平伸与水平面平行,垂直于矢状轴。

垂直轴：又称"纵轴"，是与直立人体平行，垂直于水平面。

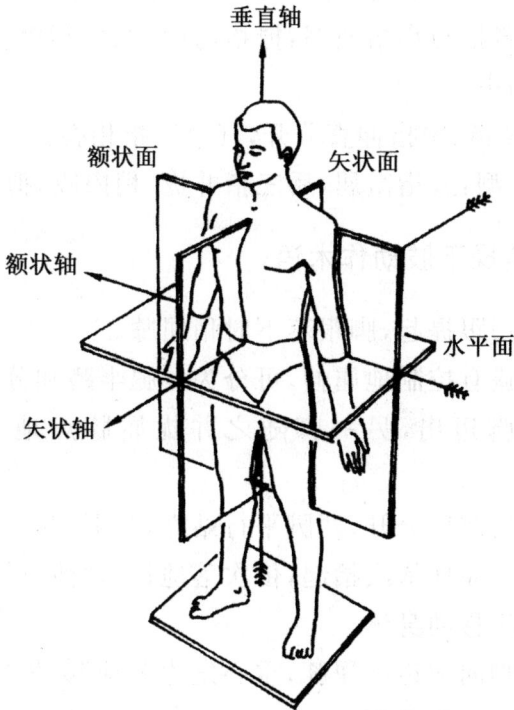

图 1-3

二、健美操运动专门术语

健美操运动专门术语与常用术语之间是有所差别的，具体来说，就是描述健美操动作或技术性质、类别确切含意的词汇。

(一)健美操基本手型术语

并掌：五指伸直，并拢；大拇指微屈，指关节贴于食指旁。

立掌：手掌用力上屈，五指自然弯曲。

分掌：五指用力伸直，充分张开。

花掌：五指用力，小指、无名指、中指自掌指关节处依次屈，拇指稍内扣。

拳:握拳,拇指在外,指关节弯曲,紧贴于食指和中指。

剑指:食指、中指并拢伸直,其余三指相叠。

响指:无名指与小指屈握,拇指与中指、食指摩擦后击打大鱼际肌处产生响声。

"V"指:食指、中指伸直分开,其余三指相叠。

芭蕾舞手型:五指微屈,后三指并拢、稍内收,拇指内扣。

(二)健美操下肢动作术语

提踵:两脚跟提起,脚跟落下时稍屈膝。

半蹲:两腿有控制地屈伸,可分为并腿半蹲和分腿半蹲。

并步:一脚迈出,另一脚随之并拢屈膝点地,再向反方向迈步。

弓步:两腿前后分开,两脚平行站立,蹲下,起来。

踏步:两腿原地依次抬起,依次落地;手臂前、后自然摆动。

走步:踏步移动身体。

漫步:一脚向前迈出屈膝,重心发生相应移动并落在前脚上;另一脚稍抬起,原地落下。

跑步:两腿经过腾空,依次落地缓冲,两臂屈肘摆臂,小腿向后屈膝折叠。

一字步:一脚向前一步,另一脚迈步并于前脚,依次还原。

V字步:一脚向左(右)前迈一步,另一脚随之向右(左)前侧方迈步,呈两脚开立;屈膝,依次退回原位。

侧交叉步:一脚向侧迈一步,另一脚在其后交叉,随之再向侧迈一步,另一脚并拢,屈膝点地。

吸腿:一腿屈膝抬起,落下还原。

摆腿:左腿屈膝支撑,右腿向左前方摆动,接着再向右后方摆动。

踢腿:一腿稍屈膝站立,另一腿抬起,然后还原。

迈步吸腿:一脚迈出一步,另一脚屈膝抬起,向反方向迈步。

迈步后屈腿:一脚迈出一步,另一腿后屈,向反方向迈步。

迈步点地:一脚向侧迈一步,两腿经屈膝移重心,另一腿再向前、侧或后用脚尖点地。

脚尖点地:一腿稍屈膝站立,另一腿伸出,脚尖点地,然后还原到并腿姿势。

脚跟点地:一腿稍屈膝站立,另一腿伸出,脚跟点地,然后还原到并腿姿势,只可做向前和向侧的脚跟点地。

弹踢腿(跳):一腿站立(跳起),另一腿先后屈,然后向前下方弹踢,还原。

后屈腿(跳):一腿站立(跳起),另一腿向后屈膝,然后放下腿还原。

并腿跳:两腿并拢跳起。

分腿跳:分腿站立屈膝半蹲,向上跳起,分腿落地屈膝缓冲。

开合跳:并腿与分腿交替跳起、落地。

(三)健美操难度动作术语

开普:单臂支撑侧水平劈腿。

剪踢:单脚起跳,一腿踢至水平面上,腾空后剪刀式交换大踢。

科萨克跳:双脚同时起跳,双腿膝关节并拢平行于地面,一脚屈膝。

分切:以俯卧撑开始,双手推起后,分腿摆跃,臀部吸起前穿。

给纳:由站立姿势开始,一腿向前摆动使整个身体腾空并平行于地面,腾空后双脚并拢。

文森:膝关节内侧放于肘关节处的地面支撑动作。

依柳辛:由站立开始,一腿后摆在垂直面内绕环,同时身体以支撑腿为支点转体360°。

直升机:分腿坐后倒,两腿依次做绕环后成俯撑。

剪式变身跳:单脚起跳,转体180°变换腿做纵叉动作。

（四）健美操动作强度术语

1. 无冲击力动作

两脚始终接触地面，身体重心在两脚之间，没有腾空动作。

2. 低冲击力动作

有一脚始终接触地面。

3. 高冲击力动作

有腾空阶段，对身体有一定的冲击力。

（五）健美操动作表现形式术语

力度：指健美操动作的用力程度，其主要体现形式为肢体的制动技术。

弹性：指健美操运动者关节自然地屈伸。

幅度：指健美操动作展开的大小。

节奏：指健美操动作的用力强弱交替出现，与客观规律相符。

风格：一套健美操动作表现的主要艺术特色和思想特点。

三、健美操运动教学术语

健美操运动教学术语，主要是针对教师设定的，这对于健美操教学的顺利进行和良好教学效果的取得是有帮助的。具体来说，常见的健美操运动教学术语主要有以下几个方面。

（一）讲解性语言

在健美操运动教学中采用讲解性语言，为了保证讲解的效果，一定要在讲解上保证明确、扼要、有的放矢；在语言上要做到准确、精练、生动并富有启发性。

（二）提示性语言

提示性语言，主要是通过相应的提示或口令来提醒练习者在练习过程中要集中注意力。一般的，健美操运动教学中的语言提示或口令要声音洪亮，发音准确，声调恰当，并且能够随着音乐和动作的要求起伏和变化，做到轻重有别、快慢有序。

健美操提示语往往在以下四种情况的教学过程中得以应用。

（1）对动作方向的提示。

（2）对动作速度的提示。

（3）对动作更换的提示。

（4）对练习停止的提示。

（三）评价性语言

在健美操教学中适时对学生进行评价意义重大，对学生建立正确的动作定向、掌握正确的知识和动作都是有所帮助的。一般的，在健美操运动教学过程中，所采用的评价性语言主要有两种，具体如下。

（1）遏制错误动作。如学生身体出现扛肩、含胸、塌腰、松腹等毛病，指导者就要用"立颈、沉肩、挺胸、收腹、紧腰"来对错误的动作加以遏制。

（2）鼓励学生。如用"跟我来、跳起来、加油"等鼓励性的语言来对学生的情绪和注意力进行积极的调动和激发，使学生对学习效果有更加充分的理解，坚持练习的信心也更足。

最后需要强调的是，无论是表扬语还是批评语、激励语，都要做到即时评价，从而保证调控的效果。

（四）身体语言

身体语言，也就是所谓的"肢体语言"，就是利用姿势、手势、步态、眼神、面部与练习者交流的非语言行为。在健美操运动教学实践中，教师正确使用非言语交流的方法，能够达到巧妙地互通感情、和谐教与学的关系的目的。

（五）音乐语言

音乐是健美操运动的重要组成部分,是健美操的灵魂。在健美操运动教学中,音乐的存在是相对独立的。健美操动作强烈的节奏感并不是自身就能体现出来的,而是需要借助于音乐的。但音乐的作用不只在此,其还能对练习者记忆、提示技术动作起到一定的帮助作用。

四、健美操术语的运用

在了解了健美操运动的各种术语之后,就需要了解一下如何运用这些术语。

（一）健美操动作的记写要求与方法

在记写健美操动作时,要满足以下要求。

（1）对一个完整的动作的表述,需要从开始（预备）姿势开始,然后重点对动作方向、动作形式、动作间的关系、动作连接过程这几个方面进行明确表述,最后以结束姿势收尾。

（2）对动作做法的记写,一定要遵循其节拍顺序。

（3）一定要在用词顺序上保证其合理性,正确顺序为:先下肢,后上肢。

（4）记写时,一定要明确方向上的变化以及动作重复的次数。

（5）第一个动作的开始姿势要详细记写,如果后面动作的开始姿势与之相同,则可省略或简单带过。

（6）多个动作是重复进行的,这样的情况下,就需要详细记写前面若干拍动作,省略记写后面与之相同的重复动,但要注明动作相同但方向相反。

（二）健美操成套（组）动作记写形式

一般来说,常用的健美操运动的成套（组）动作记写的形式主要有三种,即文字记写法、缩写发以及图解法。

1. 文字记写法

这种记写形式是按照术语记写的要求,写明具体的动作和过程,并且要保证记写必须是详细的、准确的。这种方法是较为复杂的,但是,这样也使得描述的准确性得到了保证。这种方法通常会在编写书籍、专业教材等时候加以应用。

一般情况下,会将文字记写法和照片或动作插图同时加以使用,这样往往能够使表述更加直观、准确。

2. 缩写法

在健美操运动中,动作是变化多样的,其中,上肢动作变化的复杂程度和灵活程度都要大大高于下肢动作的变化,其会对步法加以配合,因此,有些强调下肢动作的就会忽略掉上肢动作而不记写,只用两三个字就可以表明该动作。动作之间连接过程用加号"+"表示。这种方法简便实用,但却无法将具体的动作过程细节具体表述清楚。因此,这种方法通常只在快速记录、编写教案等时才会加以使用。

下面以一组 4 个八拍动作为例,来介绍一下缩写法的形式。

1×8:4 侧并步

1×8:2V 字步

1×8:2 上步提膝

1×8:2 开合跳+4 踏步

3. 图解法

一般来说,图解法有双线条影像绘图法和单线条简图法之分。这两种图解法有各自的特点和适用范围,具体如下。

(1)双线条影像绘图法

双线条影像绘图法的主要优势在于:能像照片一样,将动作的外部形态、服饰及头部的具体形态清晰地、立体地勾画出来。

不足之处是：对于绘图者的美术基础和专业技术基础有较高要求，因此很难普及。

（2）单线条简图法

单线条简图法，就是用简单的线条来大致勾画出人体的大致形态，其主要作用就是记录和再现动作。单线条简图法能比较简单、直观地再现动作及过程，运用方便、快捷，往往在记录动作和编写教案时被应用。

这一方法被广泛应用于健美操的教学、训练中，并且已经成为健美操教学中非常重要的一项必备技术。

第五节　新时代健美操运动基本状况探析

一、新时代健美操在学校中的开展状况

健美操有健身性健美操、竞技性健美操以及表演性健美操之分。在高校中的开展以前两种为主，这里就对健身性健美操和竞技性健美操在高校的开展情况加以分析。

（一）高校健身性健美操的发展现状

1. 高校健身性健美操发展的成就解析

1986 年，随着我国第一部《健美操试用教材》的出版，健美操选修课正式在北京体育大学本科学生中开设，这也标志着我国健身性健美操运动开始从社会进入学校。自此，健身性健美操运动被全国多个高校列入了大学体育教学大纲，这为健身性健美操在我国高校的普及与发展打下了坚实的基础。在我国高校，最初的健身性健美操运动是作为一项重要的体育教学内容而获得蓬勃发展的。

近年来，健身性健美操运动在我国高校中的发展速度非常

快,究其原因,体现在两个方面:一方面,健身性健美操运动作为一项新兴体育健身项目,其在活力和热情方面满满;另一方面,健身性健美操自身所具有的显著特点与高校学生的青春活力契合,两者是相适应的和谐关系。健身性健美操之所以能在高校中有良好的发展,与我国健身性健美操协会的成立以及健身性健美操活动的举行有着密切关系。

当前,随着我国高校课程改革的逐渐深入,高校健身性健美操的发展的全面性更甚。在高校中,体育教学方式主要为普修和选修相结合,这样,能够使学生的选择空间更大。得益于这种教学方式,健身性健美操运动成为学生选择的重要学科项目。尤其受到高校女生群体的欢迎和青睐。

高校健身性健美操在课程改革的推动下不断发展,同时,相关比赛的举办也推动了健身性健美操专业水平的不断提升。许多高校学生的健身性健美操运动水平提高的程度较为显著。同时,又由于更多高水平的健身性健美操教师不断投入到高校健身性健美操运动的教学中来,因此,这就促进了我国高校健身性健美操运动的持续高水平发展。也正是因为如此,我国高校健身性健美操运动的发展现状也有了改善,比如,内容更加丰富多样、专业化程度不断提升、参与者的数量越来越多等。

2. 高校健身性健美操发展中存在的主要问题

在健身性健美操运动的教学过程中取得了一些经验和成绩的同时,也不能忽视这一过程中所存在的一些问题,具体如下。

(1)技术动作练习方法不够完善

健身性健美操技术动作练习方法是高校健身性健美操运动教学的重要内容和手段。高校健身性健美操练习的构成部分通常为基本功训练、基本体操训练和动作训练几个方面。需要强调的是,这几个部分的训练的内容是各不相同的。

一般的,我国对从事健身性健美操的运动员的选拔和训练从幼儿时期就已经开始,而大多数从事健身性健美操训练的运动员身体条件都已基本定型,而健身性健美操中那些富有柔韧、力度和高难度的动作,必须经过长期刻苦的训练才能熟练。这样我国健身性健美操运动的水平也将会大幅度地提高,从而对健身性健美操运动在我国获得更加广泛的普及和提高起到积极的促进作用。

(2)动作创编方面存在原则性不足

健身性健美操的动作编排本身的工作的复杂程度是比较高的,同时,其还要既有自己独特的风格特点,又要有所创新,力求动作美、编排美、音乐美的协调统一,还要有一定的运动负荷,能起到锻炼身体的作用。因此,这就要求健身性健美操要以练习者的基本特征,场地、设施等环境条件,健身性健美操的技术特点等为依据创编,与此同时,还要求在编排健身性健美操的动作时,一定要高度重视健美操运动员以及学生身心发展的基本规律,否则,所编排出的动作与目标受众的客观条件和需求是不相符的,就会导致科学性和可行性受到大大的影响,无法实施。

(3)教学方法不够完善

目前,高校健身性健美操教学方法仍然不够完善,这会对学生学习的积极性产生一定影响。在我国普通高等院校中,健身性健美操的教学方法基本上大致相同,都是学生按照老师教的来学,然而健身性健美操整套动作缺乏连贯性,使得学生对教师的依赖性越来越大。因此,这就要求高校健身性健美操教学应积极主动地应用连接法、递加法、金字塔法等国际上流行的教学方法,从而提高教学效率,学生的学习效果也会得到有效提升。高校学生也要对健身性健美操方法进行学习,熟练掌握并运用这些种类不同的方法,这对于其学习积极性的提升和技术水平的提高都是有所助益的。

(4)创新方面存在不足

高校健身性健美操在创新方面存在的不足,主要表现在创编过程中,这就造成高校健身性健美操的活力不够,学生学习的兴趣也不够。我国健身性健美操的设计方法一直都是严格按照人体解剖学的部位,把体操、舞蹈等项目的一些简单动作,经过再加工组编成操的。鉴于高校健身性健美操动作的特点,需要将其与流行的现代舞、街舞等各种形式的创新动作相结合,并且吸收这些舞蹈形式中的有益元素,创造出独具特色的高校健身性健美操动作。另外,高校健身性健美操动作应常变常新,富有生动鲜明的时代气息,从而对我国健身性健美操运动的进一步发展起到积极的促进作用。

(5)教师的授课水平参差不齐

对高校学生而言,教师的执教水平对其在学习健身性健美操运动方面的效果有着重要影响。健身性健美操教师是高校健身性健美操的传播者,其所传授的动作技术的正确与否,会对学生的健身效果与健身性健美操的再传播产生直接影响。目前,我国各大高校健身性健美操教师的水平参差不齐,有的甚至没有执教资格证。因此,对高校健身性健美操教师进行专业培训就显得尤为重要,并且培训的要求要符合《健身健美操指导员技术等级实施办法》。高校健身性健美操运动的发展和进步,得益于很多因素的推动与促进,其中,高校健身性健美操教师授课水平的提升就是其中因素之一,也正是因为如此,高校健身性健美操爱好者的健身效果才能得到保证。

(二)高校竞技性健美操的发展现状

近年来,竞技性健美操已逐渐走进体育学院本科生开设的健美操选修课课程,并且在广大高校中得到了较为广泛的开展。

学校作为人才培养的重要基地,为我国培养了大批优秀的竞技性健美操运动员,可以说,竞技性健美操的迅速发展与高校竞技性健美操的发展之间是有着不可分割的密切联系的。说竞技性健美操的发展是从高校首先发展起来的一点也不为过。

经过相关方面的支持与多年发展,中国大学生体育协会健美操艺术体操分会的规模不断扩大,并且越来越趋于成熟和完善。再加上相继出台的比赛规则、裁判、教练员、运动员等的管理办法,科学制定出了与大学生的自身状况与特点相适应的等级动作,这些都对竞技性健美操运动的普及、大学生的技术水平的提高以及校园文化的丰富和拓展起到积极的促进作用。

在我国高校体育课程中,竞技性健美操的开展形式主要为选修课。因而从整体的现状来说,高校竞技性健美操教学的开展状况主要表现在两个方面:一方面,面临着专业性不强、教学的系统性不高的窘态;另一方面,高校学生的学习热情和教师教学改革的积极性都很高,要重点盯好这一方面,力争通过深入改革促发展。

二、新时代健美操在社区中的开展状况

当前,健美操运动不仅走进了学校中,在广大社区中也有着广泛的开展。关于健美操在社区中的开展情况,可以大致归纳为以下几个方面。

(一)管理体制不够健全

通常来说,社区体育活动的组织、协调和管理的负责人都是社区部门负责人,但是实际情况则是,社区体育活动举办的频率是非常低的,大部分的健美操活动并没有经过系统的组织和管理,而是爱好者自发组织管理的,同时,社区也没有做好相关工作,没有为健美操爱好者自发组织的相关活动提供必要的支持与指导。

除此之外,还有一些居民关注的问题没有得到解决,比如最为典型的是,社区体育组织被管理部门纳入到了管理的范围内,但是却没有将管理对象的实际问题彻底解决,这就阻碍了社区体育健身的发展。同时,对于当前的大多数社区来说,管理者注重形式的问题是普遍存在的,工作的落实更是难上加难。

(二)指导人员数量少且专业性较差

通过调查发现,健美操指导人员大都以兼职为主,专职极少。

且大部分的指导员在专业培训活动方面是缺乏经验的,这就导致了健美操指导员呈现出整体不专业的主要原因。但是,社区居民对指导员要求不高,对指导员的专业性的要求也非常低,尽管指导人员的专业性不是很强,但都能得到参与者的认可。

除此之外,社区健美操活动中指导员的数量少且专业水平低与他们的报酬是有所关联的。调查发现,社区健美操活动指导者往往都是自发自愿参与的,指导员都是义务劳动,且在提升专业水平的培训等方面也需要自掏腰包,因此,很少有指导者能把健美操指导作为一项专职工作去做,也没有充足的时间去提升自身的专业指导水平。由此,就对社区健美操的快速发展产生制约作用。

(三)活动点开展的内容不够丰富

调查发现,大多数的社区健美操练习者在进一步学习健美操方面都有一定的愿望,但是,往往会因为某些原因而没有得到实现,比如,教练员的水平有限、场地设施的条件不允许等,这严重影响到了他们参加社区体育活动的兴趣和积极性。同时,社区健美操活动的开展也会受到社区活动点开展的健美操内容丰富程度的影响。这就需要通过各种方式和途径来进一步充实和丰富社区健美操活动的内容。

(四)场地环境较差

场地环境的好坏,不仅会影响到社区体育活动的发展,还会影响到参与者的积极性。通常,场地环境的状况良好,那么其对社区体育的发展所起到的作用是非常积极的。

社区健美操的开展,首先要有足够宽敞的场地,这是最基本的条件,否则,健美操活动的开展只能纸上谈兵。

不同地区的自然环境是有所差别的,因此,不同地区的社区体育发展规模、速度都不一样。尽管是同一个城市的社区体育发展状况,也会有所不同。社区的户外场地是受天气影响的,因此,健美操活动的开展情况就会受到制约,因此,为了保障社区健美操的持续开展,就需要在室内场地的建设上给予重视。

(五)比赛组织不力,资金支持欠缺

社区体育的整体氛围对社区健美操的开展会产生极大的影响,一般的,较高的社区体育运动比赛开展频率会给体育活动营造一个良好的氛围,这也能在一定程度上促进社区健美操的开展。

但是,社区体育比赛的组织离不开资金的支持,因此,体育比赛的经费问题就成为其发展过程中不可忽视的重要方面。加上社区体育服务机构很少组织能够展示大众健美操活动魅力的比赛或表演,这就要求相应的政府职能部门在进行体育资金的预算时,将这部分专项资金预留出来,同时,为社区大众健美操的普及与推广创造更多的机会,让越来越多的人了解健美操、感受健美操的独特魅力,积极参与其中。

第二章　新时代体育人才培养与理念解析

当前,所有事业的发展都离不开人才。社会的竞争,实际上就是人才的竞争。对于现在的体育事业来说,人才有着不可替代的重要作用和意义,因此,对人才的培养一直都需要重点关注。体育人才的培养,需要一定的理念和观点的积极引导,在此基础上,通过与当前社会发展以及人才发展现状的有机结合,采取相关措施,积极促进体育人才的科学培养,从而使体育事业发展的人才基础得到保证。本章首先对体育人才及其培养的基本理论进行阐述,接着对新时代的体育观与人才观进行剖析,最后针对新时代体育人才的培养现状提出了相应的应对策略。由此,能够为新时代体育人才培养提供科学的依据与指导。

第一节　体育人才概述

一、体育人才的概念

人才,是指在某个领域中有突出才能的人。由此,可以推断,所谓的体育人才,就是在体育领域有突出的学识和技能或者作出突出贡献的人。

二、体育人才的特征

（一）先进性

人才就是人类中有出众才能的人。因此,体育人才就是体育群体中的杰出人才。这体现出了体育人才的先进性特征。

具体来说,体育人才的先进性特征主要表现在两个方面:一个是意识上的先进,即体育人才的思想与观念是比较超前的;另一个是知识和技能方面的先进。

一般的,体育人才在体育理论知识的掌握方面是非常熟练的,并且具有非常高的专业性和多样性。与此同时,体育人才所具有的运动技能比他人更先进,这也就决定了体育人才在比赛中取得的成绩也比他人要更加优异一些。体育人才之所以能够很好地服务于社会体育事业,满足社会发展对优秀人才的需求,主要是由于其具有聪明的头脑与高超的技能。

体育人才的先进程度并不是固定不变的,而是会根据体育专业知识的不断积累和运动实践的锤炼而不断提升的。另外,体育人才先进的层次也是受这方面影响的。

（二）竞争性

竞争是体育的灵魂,体育本身就具有显著的竞争性特点,因此,这一特征在体育人才上也有着充分体现。体育人才的竞争性主要取决于体育比赛所具有的特点,这也是其所特有的。如果一个人没有竞争的意识和精神,那么,首先其是无法成为人才的,更不用说成为体育人才了。体育人才的产生,实际上就是人们在体育方面通过竞争所产生的结果,同时,体育人才也在不断升级的竞争过程中进一步提升自身的素质和运动水平。

需要注意的是,竞争性只是体育人才的一个必要特征。换句话说并不是只要具备了竞争精神就一定能够成为体育人才,但是,体育人才是必须要具有卓越的竞争精神的。在体育工作和运动训练中,体育人才的竞争性在很多方面都有所体现,比如,努力工作、勤奋学习、刻苦锻炼、顽强拼搏以及勇于献身等。

（三）创造性

人才创造能力通常会在发现、发明、创新这几个方面得到体现,可以说,这是人才所固有的一个本质特征。一般的,体育人才首先要对前人的知识加以学习了解,然后在此基础上,发展新的理论知识和技术技能。这就在很大程度上体现出了人才的创造性特征。

体育自产生至今,已经有了非常大的演变与发展,运动水平的提升较为显著,运动技艺也不断完善,这些都与人才的发现、发明和创造有着密切的关系。

发展至今的体育,已经具有非常强烈的竞争性,这对于体育人才创造性的发挥和提升会起到积极的催化作用。体育人才所具有的知识水平和能力从很大程度上决定着其创造能力的大小。

（四）社会性

对于在社会中存在的个体来说,每个人都有社会性的属性与特征,作为社会上的杰出者,体育人才也不例外。就体育人才本身来说,其有着鲜明的社会性特点,主要表现为为自己所属阶级的社会提供服务,同时,也为自己所属阶级的政治利益做贡献。尽管说体育是没有国界之分的,但是体育人才是有国界之分的。

体育人才的社会性特征,在很多方面都有所体现,比如,在体育事业中,体育人才所表现出来的对祖国、对人民的热爱,以及为国争光、努力拼搏的精神等。

三、体育人才的分类与结构

(一)体育人才的分类

体育人才的分类方法是多种多样的,按照不同的分类标准,可以将体育人才分为不同的类型(表 2-1)。

表 2-1　体育人才的类型划分

划分依据	类型
人才的工作领域	体育竞技人才 体育教育人才 体育科技人才 体育管理人才 体育产业人才 体育媒体人才 ……
人才能级	高级体育人才 中级体育人才 初级体育人才
运动项目	田径运动人才 体操运动人才 球类运动人才 ……
运动项群	体能类人才 技能类人才 抽象思维类人才

这里,主要对以人才的工作领域作为划分体育人才的依据进行阐述(表 2-2)。不同工作领域的体育人才,都有其各自的特点、来源、构成以及职能等。

表 2-2　按工作领域划分体育人才

标准	类别
工作领域	体育竞技人才
	体育教育人才
	体育科技人才
	体育管理人才
	体育产业人才
	体育媒体人才

1. 体育竞技人才

体育竞技人才,就是在体育竞技领域有着专业技术水平和取得优异成绩的人才。一般的,体育竞技人才的来源也都与竞技体育相关,比如,各级专业运动队,专业和业余体育学校和大中学校业余训练队的运动员以及裁判员。可以说,体育事业的发展是离不开体育竞技人才的。

体育竞技人才主要是由裁判员、运动员、教练员构成的。每一个构成因素都有其各自的职能。

（1）裁判员及其职能。裁判员是体育竞技人才之一,其在体育竞赛中起着重要的裁决作用。具体来说,就是按照体育运动的竞赛规则,对运动员的身心健康加以保护,保证竞赛的公平性,对运动员、运动队专业水平的发挥与提高起到推动作用,同时,也积极教育运动员的道德品质、思想作风。

（2）运动员及其职能。运动员是我国社会主义建设事业中一个特殊的群体,在竞技体育中所占据的地位是非常重要的,他们是竞技体育的直接执行者,在赛场上将自身的身体素质、运动技术以及意志品质充分发挥出来,以创造优异的运动成绩,争取比赛的最终胜利。

（3）教练员及其职能。教练员在体育竞赛中起到的是指挥策划作用,这一作用在集体项目竞赛中显得尤为突出和重要,有时甚至会对运动员专项水平的发挥起到决定性的作用。

2. 体育教育人才

体育教育人才，就是在体育教育领域从事教育工作的人才。体育教育人才的来源主要为各种体育教师，包括大、中、小学校的、体育专业学校的、体育理论课的等多个方面。除此之外，体育工作者和社会体育指导员也是体育教育人才的重要来源。

由此可以得知，体育教育人才主要由学校体育师资、竞技体育教练员、社会体育指导员这三个群体构成。每一个构成要素都有其各自的特点和职能，下面就对前两者加以分析和阐述。

（1）体育教师

体育教师是体育教育的骨干人才。体育教师是体育教学活动中的主体之一，其是学生学习的引导者，主要作用是传授学生体育方面的文化知识，使学生对体育运动的相关理论知识有更加深刻的了解和认识并掌握体育运动的技术和技能，并且对学生的学习进行积极鼓励，对学生学习的效果进行评价和指导。在这个过程中，体育教师不仅要将体育文化知识和技能传授给学生，同时还要引导学生，使其能够建立起关注身体健康、增强体质的社会责任感，对学生参与到科学合理的健身活动中加以指导。体育教师还要对学生行为习惯的养成负责，在潜移默化中影响和引导学生完成这项任务。因此，这就对体育教师提出了更高的要求。体育教师要在知识储备上不断更新和充实，涉及的学科要广，成为学生所敬慕的体育专家。鉴于体育学科的性质，体育教师要会做技术动作的示范，同时还要会对多学科的知识加以综合运用。

（2）教练员

如果说体育教师是教学水平的重要影响因素，那么，教练员则是训练水平的重要影响因素。教练员在运动训练过程中所起的作用是处于控制方面的，其专业水平也在很大程度上决定着运动员训练水平的高低。由此可见，教练员在运动队内所扮演的角色为领导者、组织者，不仅如此，教练员还要根据上级部门的安排,执行相关的任务,达成所制定的训练和竞赛目标。教练员在运动队中还要负责管理,因此,这就要求其在科学化管理的同时,还不能忽视运动技术水平的不断提升。现代教练员的职责,除了训练和提升运动员的技术训练水平外,还要在运动队中充当多种角色,由此能够让教练员从运动员的训练、比赛、生活、学习中获取各种信息。

总的来说,体育事业的发展离不开体育教育人才这一基础性力量,可以说,体育人才的培养也离不开体育教育人才的参与,因此,一定要高度重视体育教育人才的培养,促使其综合素养进一步提升。

3. 体育科技人才

体育科技人才,就是在体育工作领域内从事体育科学研究工作和从事体育科学技术工作的人才。体育科技人才主要来源于体育研究、信息、保障以及工程技术方面的人员。

一般的,体育科技人才主要由运动科学研究人才、体育人文研究人才、体育关联技术人才构成,每一个构成因素都有其各自特点和职能,具体如下。

体育科技人才需要遵循体育事业发展的一般规律,并且明确其具体需求,以此为依据,来对体育领域内科学性和技术性较强的问题进行积极探索和研究,最终达到妥善解决的目的。可以说,体育科技人才在体育事业的发展过程中起到的是先锋的作用,作为发展体育事业的前沿力量,其在建设体育强国的过程中的作用是不可替代和忽视的。

4. 体育管理人才

体育管理人才,就是在各级体育组织中从事体育相关管理工作的人才。一般的,体育管理人才主要是指各层级、各部门的领导和管理工作者。

一般的,体育管理人才主要由体育党务管理人才、体育行政管理人才、体育事业管理人才三个部分构成。

体育管理人才在体育事业发展中所起到的作用也是非常重要的,对其要求也更高一些,比如,其要有一定的组织领导能力,要对所对应的领导区域的体育专业知识有熟悉的了解,同时也要充分掌握体育的教学、训练及竞赛和发展的一般规律等。这样,才能做好其职责范围内的事情,比如,制定和掌管体育方针政策,实行协调体育领域内各系统、各单位的工作等。

5.体育产业人才

体育产业人才,就是专门负责与体育运动有关的一切生产经营活动领域的人才,也可以指从事体育服务行业的人才。体育产业人才需求的发展方向会随着体育产业的发展而发生变化,逐渐趋于精细化和专业化。

体育产业人才来源于不同的体育产业中的各级工作人员,比如主要涉及健身娱乐业、竞赛表演业、咨询培训业、体育旅游业、体育经纪业和体育博彩业等。

体育产业人才主要的构成要素包括竞赛组织策划人才、体育用品业人才、健身服务业人才、体育营销业人才、体育经纪人这几个方面。每一个构成要素都有其各自的特点和职能,具体如下。

(1)体育用品业人才所指的是广义上的概念,包括从事体育服装业和饮料业方面的人才,体育建筑业以及生产和流通体育设施生产企业方面的人才。

(2)体育服务业人才,主要是指通过体育表演或运动竞赛等形式来满足观众观赏和娱乐需要的人才。

(3)体育经纪人。在获得佣金的前提下,从事与体育相关人员或组织的相关事宜的自然人、法人或其他经纪组织,就是所谓的体育经纪人。体育经纪人的组织形态是多种多样的,比如常见的经纪公司、经纪事务所、个体经纪人;但是不管其组织形态如何,职责方面是大致相同的,都是为运动员个人、体育组织或体育比赛从事经纪活动,采用体育推销、体育代理、法律咨询等方式开展经纪活动。

6. 体育媒体人才

体育媒体人才,就是在体育新闻媒体领域内,从事体育新闻报道和体育新闻工作的专门人才。

体育媒体人才主要从不同的媒体从业人员中来,主要涉及体育平面、体育电视、体育网络等方面。

体育媒体人才的构成因素主要有三个方面,即体育平面媒体人才、体育电视媒体人才、体育网络媒体人才,每一个构成要素都有其各自的特点和职能。

当前,信息爆炸时代已经到来,体育新闻媒体之间的竞争越来越激烈,火药味浓烈。在这样的背景下,新闻媒体事业的发展速度也迅速非常,鉴于此,就要求包括体育新闻记者在内的相关工作者,首先要将专业工作任务顺利完成,并且保证完成的效率,使受众的接受时间不断缩短。其次,在报道事实方面要学会用更加简单明了的词句,使读者能够直观地了解报道内容。一般的,对于体育媒体人才来说,其较好的状态应该是,文化知识储备雄厚,新闻专业技术水平出众,在专业方面受过一定的训练。除此之外,作为 21 世纪的优秀体育新闻记者,其在做好本质工作的同时,也要具备高度的分析能力,还要善于对那些从经济、政治和其他各界人士那里得来的各种消息加以分析,并且借鉴或者采用其中有用的部分。

(二)体育人才的结构

通常情况下,可以将人才结构大致分为两个层次:一个是从微观来说的单个人才的结构,即人才个体结构;一个是从宏观来说的人才的队伍结构,即人才群体结构。人才结构的复杂程度是非常高的,是其他任何事物的结构所无法比拟的。

通过认真分析和研究人才结构,不仅能对人才的本质有深入、系统的理解,而且还能对人才的性质有所掌握,通过有利条件的创造,形成较为合理的结构。这里有一点是要重点强调的,即人才结构是客观存在的,并且按照其自身的规律运行,不会受到人们意志的影响与支配。

从图 2-1 可以看出:体育竞技人才和体育教育人才在体育人才队伍中所处的位置是非常重要的,居于核心位置。其他各类体育人才都是在这两类人才存在的前提下存在的。并且这两类人才的存在状况会对其他各类人才的存在状况起到直接的决定作用。

图 2-1

从上图中可以发现,这六种不同体育人才类型之间相互区别,但是这并不影响他们之间的相互联系。可以说,它们是有机的统一体,缺一不可。

四、体育人才的价值与作用

(一)体育人才的价值

根据不同的标准可对体育人才的价值类型作各种划分,具体见表 2-3。

表 2-3 体育人才的价值划分

划分依据	体育人才的价值类型
体育人才价值主体的社会层次	社会价值、集体价值、个体价值
体育人才成长和发展的过程	潜在价值、现实价值和未来价值
体育人才作用发挥的程度	高价值和低价值
体育人才的不同类型	科研价值、教育价值、管理价值、经济价值等

根据不同的分类方法,可以对体育人才价值有全面的了解和认识,也为从不同角度深入研究体育人才价值提供了理论支持。

体育人才价值在不同状态下的表现形式也是各不相同的,具体来说,主要有以下几种。

(1)体育人才的特有价值:是指人才在基本素质相对稳定的状态下所体现出来的固有的价值,这一价值形式是客观存在的。

(2)体育人才的发挥价值:是指人才自身的基本素质在外化过程中表现出来的价值。

(3)体育人才的转化价值:是指人才在价值输出后,实际转化为具体成果的那部分价值,这一价值形式是有益的。

(4)体育人才的社会价值:是指人才被其所处的客观环境和社会所承认的那一部分价值,这部分价值是有效的。

(二)体育人才的作用

1. 建设体育强国方面的作用

随着体育事业的发展,人们对"没有体育人才,想做好体育工作是很不容易的"有了更加清晰的认识。对于一个国家来说,只有体育人才出类拔萃,才有可能赶超世界先进体育强国。因此,建设体育强国,培养大批的体育人才是非常有必要的。

体育事业的发展需要有掌管和贯彻国家体育方针政策的体

育管理人才,振兴体育事业需要体育科技人才、体育教育人才、体育产业人才和体育竞技人才的共同努力才能得以实现。体育比赛的胜负是国家体育水平的窗口,它与国家体育的强弱、民族的兴衰和科技水平的高低之间的关系是非常紧密的。改革开放以来,我国体育人才大量涌现,并将其自身的价值和作用充分发挥出来,在这样的环境下,短短几年时间我国就连获三届亚运会冠军,成为亚洲第一体育强国。从我国成功地举办亚运会,到成功举办奥运会的事实中都能够将体育人才在发展体育事业中的作用充分体现出来。有了人才,体育事业就兴旺发达,蒸蒸日上;有了人才,可以后来居上,体育弱国可以变成体育强国;有了人才,才能再培养人才,使人才大量涌现;有了人才,可以使体育工作省时、省力、省钱,加快体育事业的发展速度;没有人才,体育事业就会冷落萧条,衰退落后;缺少人才也会延缓体育事业发展的速度和建设体育强国的进程[①]。

2. 增强人民体质方面的作用

改善民族的体质,提高人民的健康水平,是发展体育事业的宗旨所在,因此,这就需要做好体育各方面的教育工作。人们首先要在体育的意义上面加深认识和了解,充分激发出参与身体锻炼活动的积极性和主动性,能够学会并熟练掌握和运用基本的体育运动技术和增强体质的方法,以此来对身体健康水平的提高起到积极的促进作用。随着体育事业的发展,群众体育活动得到了广泛的开展,学校体育工作得到了进一步的加强,业余训练正在向纵深发展,体育宣传教育深入人心,参加体育活动的人数和达到锻炼标准的人数在逐年增多,体育人才队伍也在不断壮大。由此可以看出,体育人才的作用是非常显著的,在改善民族体质、增强健康水平方面都有广泛体现。

---

① 唐炎,朱维娜.体育人才学[M].重庆:西南师范大学出版社,2006.

3. 精神文明建设方面的作用

随着社会生产力的发展和劳动生产率的不断提高,人们的休息时间逐渐增多,因而需要一定的方式和途径来消遣,而观看体育竞技比赛便成为人们闲暇时间娱乐休闲的一个重要内容。竞技比赛丰富和充实了人们的社会生活,积极陶冶了人们的情操,给人以美的享受。体育比赛的胜负往往象征着国家的强弱,民族的兴衰,因此,重大的国际比赛牵动着亿万人们的心,给人们带来荣辱和悲欢。运动员的思想作风和道德品质在比赛中的表现,对人们的心灵有着非常强烈的感染作用。运动员所表现出的爱国主义、集体主义和刻苦训练、顽强拼搏的思想作风,对人们会起到重要的激励作用,从而使人们能够奋勇向前。

4. 国家政治方面的作用

体育人才虽然与国家政治并不相关,但是,体育人才在政治工作中的影响是不可忽视的,这在各个国家中都是一样的,这就将其为本阶级利益服务的客观作用充分体现了出来。在国际比赛中,运动员的良好表现能够促进各国人民之间的友谊和团结。我国轰动世界的"乒乓外交"就是非常典型的一个例子,其不仅将中美关闭多年的大门成功打开了,还对美国总统尼克松访华和中美建交起到积极的推动作用,结束了中美人民隔绝了几十年的历史。人们亲切地将中国运动员称为"外交先行官""穿运动服的外交家"。

由此可见,对于国家和民族来说,体育健儿身上存在的精神力量和政治力量是非常重要的,非常具有价值,借此,能够使体育人才发挥其在国家政治工作上无法被替代的重要作用。因此可以说体育人才是国家的宝贵财富,是建设体育强国之本,是体育事业兴旺发达之源,因此,一定要重视对体育人才的关注与培养。

第二节　体育人才培养基本理论

一、体育人才成长的分期及培养重点

　　体育人才有着多种多样的类型,这些不同类型的体育人才有着不同的性质,也表现出不同的特点,这就决定了这些不同类型体育人才成长的各阶段的时间长短是不同的,但不管怎样,人才成长的各阶段的任务基本是相同的。将人才成长各阶段要完成的具体任务明确下来,有助于成才速度的进一步加快。通常情况下,可以将体育人才成长过程分为不同的几个时期(图 2-2),并且每个时期都有其相应的培养重点(表 2-4)。

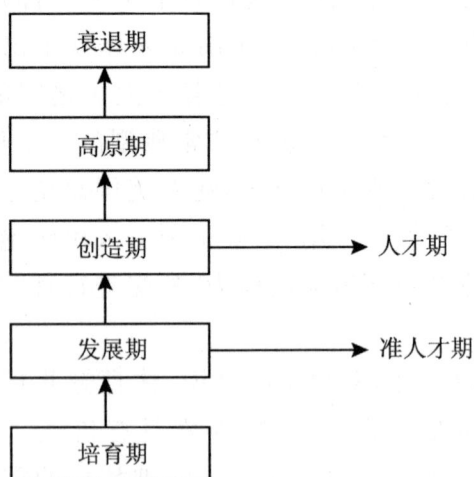

```
          ┌──────────┐
          │  衰退期   │
          └──────────┘
               ↑
          ┌──────────┐
          │  高原期   │
          └──────────┘
               ↑
          ┌──────────┐
          │  创造期   │ ─────→ 人才期
          └──────────┘
               ↑
          ┌──────────┐
          │  发展期   │ ─────→ 准人才期
          └──────────┘
               ↑
          ┌──────────┐
          │  培育期   │
          └──────────┘
```

图 2-2

表 2-4　体育人才成长分期的培养重点表

分期	培养重点
培育期	全面提高基础知识
发展期	提高专业知识 补习基础知识
创造期	提高道德素质
高原期	强化意志品质
衰退期	调整心态

（一）培育期及其培养重点

所谓的培育期，就是对人才进行基础性的培养阶段，这一阶段是专业培养前的准备阶段，所涉及的培养内容有基础文化知识学习和基本身体锻炼。

培育期的主要任务是为人才发展打下坚实的身体基础和良好的智力基础。可以说，培育期人才的基础打得如何，会对发展期或者创造期的人才发展和未来的成才方向产生直接影响。对于不同的体育人才来说，培育期的时间长短也是有所差别的，要具体项目具体对待。

需要强调的是，这一时期需要对体育人才的基础知识加以培养。一般的，从人才自身的角度出发，基础知识越是牢固，就越能更加深入地理解问题，才会拥有更加广阔的知识面和全面的思维能力。基础是人才发展的根基，根基是否扎实会对人才发展的前景产生决定性的影响。

（二）发展期及其培养重点

发展期，就是人才在培育期的基础上，对知识进行系统的学习，为创造性才能开一个好头。

发展期的主要任务是，提高人才知识和技能方面的专业性，在培育期没有掌握的基础知识要进行相应的补漏，提供专业理论或者专业技能的支持,从而使人才的专业性得到进一步提升。

需要强调的是,智力和各项素质是最适合在这一阶段进行锻炼和提升的,因此,一定要抓住这一时机,做好智力的开发和各项运动素质的发展工作。同时,还要充分挖掘自身的才能和潜力,并且将最佳才能、次佳才能和一般才能这几个方面明确区分开来。

(三)创造期及其培养重点

创造期,就是处于创造的巅峰时期,是从发展期向高原期过渡的时期。

人才的潜力是非常大的,而这些能力和潜力的发挥往往是在创造期实现的,在这一时期往往能够达到为社会作贡献的目的,是人才产生自身价值的阶段。这时候人才进入自己的事业巅峰期,是干出一番成就的黄金季节。在人才发展的创造期,最需要的就是奋斗精神。

因此,当各类体育人才进入创造期的时候,对人才的培养重点要有所转变,具体来说,就是由培养能力转向提高人才道德素质。体育人才道德素质提高后,就能够将自身的能力更加充分和全面地发挥出来,创造更多更深远的社会价值,同时,人才的创造期也得以有效延长。

(四)高原期及其培养重点

高原期,就是技能水平呈现出到达一定程度,不管如何努力都不再上升的时期,也就是人们平时所说的"瓶颈期"。一般来说,导致这一时期的高原现象产生的原因是多方面的,其中最主要的是:知识和技能基础的进步处于暂时停顿的状态;自身专业知识无法满足工作对专业能力的要求;人才没法在所从事的事业上激发出兴趣、提高情绪状态等。进入高原期的人才,要想达到更高一级的创造期,必须拥有坚强的意志这一重要"武器",因为这样才能将"高原"现象突破;但是,如果人才缺乏坚强的意志这一有力的"武器",那么"高原"现象就无法被突破,如此便不会进入到更高层次的创造期,而会进入衰退期。

高原期是人才进步的必经阶段,每个人才都会遇到自己的事业瓶颈。进入高原期后,对人才最大的考验就是其意志是否足够坚强,因此,这也就决定着这一时期的培养重点就是对人才意志品质的强化。

(五)衰退期及其培养重点

衰退期是所有事物都会经历的一个阶段。对于所有的事物来说,其都会经历一个发展和衰退的过程。任何事物都有其发展的客观规律,对于人才的创造力、工作能力和身体素质来说,他们会随着年龄的不断增长出现一定的递减现象,这一规律是客观存在的,是不会因为人们的意志而发生其他变化的。由此可以得出,人才的衰退期开始的一个重要标志就是递减规律出现。

衰退期,就是人才由发展最高点向低点转变的阶段。在这一时期中,人才的情绪状态会因为人才能力衰退的影响而逐渐变得低落,这在人才衰退期是亟须解决的一个最大问题。这里需要强调的是,并不是进入到衰退期,就不能继续做贡献了,只是贡献逐渐变小。因此,这就要求在这一阶段将调整人才心态,使其适应角色的转换,帮助人才重新找到生活的希望和乐趣作为培养重点。

对竞技体育人才而言,技术能力的衰退往往是另一个成才目标创造期的开始。因此,体育竞技人才在进入到衰退期后,切忌自暴自弃,而是要重新审视自身的才能,重新调整努力的方向和要达成的目标,为进入到下一个创造期做好充分的准备。人才的培养者在开展工作之前,首先必须对所培养的对象有全面且深入的了解和认识,然后对他们的身体、才能等发展特点进行细致观察与分析,明确他们才能的潜力和最佳优势,以此为依据来遵循区别对待的原则,采取相应的措施来尽可能地将他们的才能挖掘出来,并通过合理的帮助使他们能做好职业转向,将他们的才能最大化发挥。对于所有的人才来说,都应力争延长创造期,想方设法使衰退期得以延迟。

二、体育人才的成才途径

对于体育人才来说,他们的成才途径是多种多样的,但是,不管是通过哪种途径成才,都离不开自身的不懈奋斗与努力。换句话说,就是要以社会的需要为依据,充分结合自己的实际情况和需要,将所处的环境因素充分利用起来,选择与自己特点相适应的成才途径,才是最佳途径。

(一)专业教育成才

专业教育成才,就是通过在专业学校接受系统的教育而成才的一种途径。由于学校本身就是人才的培养基地,其在环境方面有着非常明显的优势,这也使得其成为众多成才途径中最可靠的成才途径之一。

这里要强调一点,并不是所有受过专业教育的人都能成才,但是,要想成才,良好的专业教育是不可或缺的重要条件。因此,一定要重视专业教育的开展。

(二)自学成才

自学成才,是指进入社会后,在待业中自学,或在工作中坚持自学成才。这种成才途径很早以前就已经出现了,只是这种成才途径只能应用于极少数人。典型代表有我国著名数学家华罗庚、"马家军"教头马俊仁等。

(三)业余研究成才

古今中外,有些人往往能够在自己的本职工作之外,也能作出杰出的贡献,这种成才途径,就是业余研究成才。典型的代表有篮球运动的创始人奈史密斯博士、达尔文等。

随着社会发展和科技进步,尽管专业教育成才是最主要的成才途径,但是通过业余研究而成才的也不在少数。从事实中发现,在工作之余的有限时间里,只要加以充分利用,就能取得较为理想的成就。某种意义上来说,业余研究成才,确是许多人走过的一条成功之路。

（四）"半路出家"成才

"半路出家"成才,就是本来在一个研究领域中从事研究工作,后来转向了另一个研究领域并且成才的途径之一。"半路出家"在一定程度上使人才的成长进一步加快了。

由于受到历史、社会需要的影响,一些人往往会顺应这种潮流,而毅然改换专业,去从事新的事业,这种"半路出家",往往造就了杰出的人才。除此之外,容易摆脱原来职业狭隘界限的束缚,以敏锐的眼光,抓住其他领域中问题的真谛,进而有所作为,作出贡献,也是选择"半路出家"的一个重要原因。如果一个人选择的成才方向是自己的所长时,成功的概率是最大的。但是,并不是所有的人都能够在选择第一条道路时就能成功,因此,这就需要对其他领域和自身加以了解,选择出最利于自己发展的方向,"半路出家"同样可以取得辉煌。

三、体育人才培养的基本原则

（一）因材施教原则

因材施教,就是以人才特点为依据,在培养过程中做到扬长避短。运用因材施教原则,能够使成才率有所提升。"金无足赤,人无完人。"每个人在具有一定优势的同时,也不可避免地存在着一定的劣势。如果能将长处充分发挥出来,使短处得到有效补偿,或者将短处规避掉,那么就会对成才起到促进作用。因此,善于运用因材施教规律的培养者培养出优秀人才的成功率要更高一些,难度也更小。

（二）继续学习原则

继续学习，就是在成长过程中不断地刻苦学习，即使不处于学习成长的最佳时期，仍然坚持学习，不断吸取各种新的知识的原则。通常来说，成才的概率在善于继续学习的人身上会更大一些。

如果一个人立志要成才，那么他要做的首要事情就是学习，特别是学习一些与成才目标关系密切的学科知识，这样才能使成才目标的知识需要得到满足，最终成才。继续学习是一切想成才的人都必须有的一个重要过程。

（三）社会需要原则

体育人才的培养一定要遵循社会需要的原则。当前，人才培养与社会发展之间的矛盾越来越严重，比如，运动员退役后的生活堪忧，体校毕业生就业问题严峻等。这些问题的存在，都是我国体育事业继续发展的绊脚石，因此，相关部门要尽快对这些问题进行妥善解决。

因此，这就要求在从事体育人才培养的工作时，必须要将与社会的发展趋势的适应程度作为重要考量依据，将自然科学与社会科学有机融合起来，使体育人才的知识面有所拓展，知识结构更加系统丰富，视野更加开阔，由此也促使我国的体育事业平稳快速地发展。

第三节　新时代体育观与人才观

一、新时代体育观

当前，国家高度重视体育事业的发展，习近平总书记对此做了重要论述，其中，体育强国就是其所提及的重要主题，系统、科学的新时代体育强国思想体系得以形成。体育强国思想，首先是新时代中国特色社会主义思想的重要组成部分，其次也是新时代中国建设体育强国的行动指南，是新时代体育观的重要体现。

（一）中国特色体育强国

体育的意义，不仅仅体现在个人的强身健体、休闲娱乐上，在国家富强以及民族前途命运方面也有着充分体现。中华民族在很长的一段时间内，经历了体育弱国的心酸：从近代的国弱民穷、"东亚病夫"的讥讽开始，中国的体育情结便产生了。再到后来的"奥运三问"，新中国成立后对发展体育事业的重视，经过几代人不懈的奋斗和努力，直到改革开放以后，我国在国际体坛上逐渐展现强大实力，这也标志着建设体育强国的梦想逐步确立和加强。

中国特色社会主义进入新时代，意味着中华民族伟大复兴的实现有了非常光明的前景，建设体育强国的愿望的前景也是非常光明的。"体育承载着国家强盛、民族振兴的梦想。体育强则中国强，国运兴则体育兴。""加快建设体育强国，就要把握体育强国梦与中国梦息息相关的定位，把体育事业融入实现'两个一百年'奋斗目标大格局中去谋划，深化体育改革，更新体育理念，推动群众体育、竞技体育、体育产业协调发展。"习近平新时代体育强国思想，把体育强国梦融入实现"两个一百年"全局中谋划，这也就在一定程度上赋予了体育强国建设新使命——体育要为实现"两个一百年"奋斗目标而强起来，为国家富强、民族振兴、人民幸福提供必要的助推力，也使"体育强国"和"强国体育"的有机统一得以顺利实现。

（二）坚持以人民为中心

坚持以人民为中心的发展思想在党的十九大报告中贯穿始终。新时代体育强国思想中有着多方面的特征，其中，最鲜明的特征当属以人民为中心的体育发展观了。

体育首先是强身健体的实践活动。运动本身就具有良好的"治疗作用",其能够使国民健康状态有所转变,同时也发挥出体育在全民健康方面所表现出的基础性作用。针对这一情况,习近平总书记便提出了"全民健身与全民健康深度融合"的重大时代命题。

从某种程度上,可以将体育运动看作是一种生活方式,其所产生的价值和功能也是涉及多方面的,都能在人民生活中得到体现。体育强国的战略目标的中心就是人民,因此,人民群众永远都是体育运动与社会需求相适应的中心因素,所有的活动都要与之相适应,为人民群众的体育运动与美好生活的深度融合起到推动作用,从而进一步加强体育运动的普及与发展,把体育运动融入人们日常生活之中,使其成为人们生活必需品和良好习惯。

体育,也可以作为一种文化现象和精神生活而存在。体育运动中战胜自我、超越自我的向上体育精神,能够使体育运动作为重要的力量圆圈、支柱和灵魂深入人心,其所发挥出的作用是不可限量的。相互了解、友谊、团结和公平竞争的奥林匹克精神,某种程度上也是现代体育精神的体现,其所产生的价值在推动人类的进步与发展以及人类社会发展中都有所体现。

最后需要强调的是,中华体育精神脱胎于中国人民在长期奋斗中培育、继承、发展起来的伟大民族精神之中。

(三)推动体育协调发展

体育强国,就是要求从体育的各个方面入手来增强综合国力,这在文化、民族自信以及体育各个类型上都有体现。我国体育事业举世瞩目成就的取得,不仅对中国特色的体育发展之路是成功的进行了有力的证明,同时也为坚定体育道路自信铸就了雄厚底气。坚定自信是为了更好地去学习并加以借鉴。体育是人类共同的文化现象,国与国之间的体育发展应当在交流互鉴下竞争进步。

当前,世界各国体育事业发展速度进一步加快,形成了许多值得我国学习借鉴的经验,较为主要的有这样几个方面:第一,身体素养成为普遍推广的体育发展新理念;第二,依法治体、强体;第三,把体育建设和城市建设紧密结合起来;第四,重视社会力量在推动体育发展中的作用。

现代体育经过不断的发展,已经形成了自身的独特特点,较为显著的有组织化生存、社会化和产业化运作。建设体育强国本身就是一项规模宏大的系统工程,"金牌第一"的竞技体育强只是体育强国的一个部分,还有群众体育、体育产业以及体育科技和体育教育强等。只有这样,才能对体育的协调发展起到积极的推动作用。

二、新时代人才观

(一)高校培养人的独特优势和作用是体育强国迫切需要的

青少年不仅是体育强国的追梦人,同时也是体育强国的圆梦人。习近平总书记强调,中国的未来属于青年,中华民族的未来也属于青年。可以说,一个国家的发展活力如何、一个国家的核心竞争力如何,都能够从青年一代的理想信念、精神状态、综合素质等方面反映出来。同样,体育强国也属于青少年,体育强国是需要依靠青少年的拼搏才能得以实现的。

体育和教育的主体和客体都是人,其主要宗旨都是促进人的全面发展,因此,这就要求一定要严格遵循人的成长规律。要想推进体育与教育协同育人、协同发展,首先要积极引导青少年,建立起"终身体育"的观念,并且在此观念的带动下,使他们能积极参与到体育运动中去,进一步强大青少年体育,培养出一大批优秀的竞技体育人才,将体育强国的氛围营造出来,厚植竞技体育选才基础。从这层意义上来说,学校体育是体育强国最厚实的基础和支撑。

将体育与高等教育有机结合起来的原因是多方面的,体育是青少年的事业只是其中之一,还由于现代体育本身就是一门科学。现代体育经过不断发展,已经衍生出了多方面的学科,比如,运动人体科学、运动医学、运动康复、运动心理学等,这些都在高等教育发展之中有所体现和涉及。高等教育在某种程度上决定着各国的财富情况。因此可以认为,现代高校的基本功能已经有所拓展,不再仅仅是教书育人,还包括人才培养、科学研究、社会服务和文化传承创新这些方面。高等学校作为知识的集中地和科技创新的重要平台,其在文化和思想上也具有一定的先进性和丰富性,还是各类高素质优秀人才的重要培养基地,同时,其在支撑国家发展战略、服务经济社会发展方面所起到的重要作用也是不可替代的。尤其是在党的十九大报告中,更是把体育强国、健康中国和"双一流"建设、教育强国一起提出并加以实施。

(二)体育强国需要高校提供必要的人才保障

人才在体育事业发展中起到的作用是决定性的,尤其对于竞技体育来说,其发展与这方面的人才和天才之间有着密切的联系。以美国为例,其作为世界体育第一强国,其学校都是作为整个国家的竞技体育体制的中心而存在的,同时,学校还为国家不断输出竞技体育人才和天才,大学生在各项重要体育赛事中通常能取得非常卓越的成绩。对于我国来说,要想做好竞技体育的建设工作,就需要对美国这方面的经验加以借鉴,可以采取的措施主要为:通过在高校组建高水平运动队,提升高校体育的训练水平和文化综合素质,保证优秀体育人才的储备和选拔;将体育院校的主力军作用充分发挥出来,为竞技体育主战场发挥出应有的作用,通过不断建立和完善教学与训练方面的系统体系,大大提升竞技体育水平,由此,来使竞技体育得到更加全面的发展。

体育强国思想内涵丰富、思想深邃、体系完备、逻辑严密,从某种程度上将马克思关于"每个人的自由发展是一切人自由发展的条件"的人的全面发展思想体现了出来,是在总结新中国成立以来党领导推进体育强国建设的伟大实践的理论创新,是新时代推进体育强国建设的强大思想武器和科学指南。

第四节　新时代体育人才培养的
现状与应对策略

一、新时代体育人才培养的现状分析

（一）人才总量仍缺口较大

当前,随着体育事业的不断发展,很多体育项目的发展速度日新月异,只不过,体育人才方面的发展相对缓慢,无法满足体育事业迅速发展的需求,这就在一定程度上制约了体育事业的发展。值得庆幸的是,国内有多所高校长期致力于体育人才培养,多所学校都要求全体学生都要有一技之长。很多学校不仅成立了专门的体育人才培养机构,还建有相应的科研工作站,形成了中专—本科—硕士研究生一条龙的人才培养体系,构建了教学、科研、训练、竞赛和社会服务"五位一体"的复合型人才培养模式。同时,一些高校开始扩大招生,并且重点培养体育相关的一些人才,涉及教学、训练、科研、裁判、创编等各个方面,并且取得了一定的成效。在看到喜人成绩的同时,也要充分认识到,从人才需求总体目标而言,人才缺口仍然较大,特别是更需要一批急需的专门人才。由此可见,体育人才培养之路任重而道远,相关部门要进一步加强重视与支持。

（二）人才培养理念有待进一步创新

由于我国体育在很长的时间内都受到传统体育教育理念的影响,这就导致体育人才在成长过程中都被灌输了课程建设与知识技能传授是重点的观念和思想,这就忽略掉了人才培养的终极目标。

20世纪80年代,"体教结合"教育改革被提出来,此后,体育教育领域就开始对体教结合的理想模式与发展路径进行探讨,一直持续至今。但在人才培养实际中,越来越显示出一系列的问题和矛盾,比如,忽视教育本质、模糊体教结合界限、"体教结合"优势并未完全显现等。

十九大报告中,进一步明确了我国社会的主要矛盾,即人民日益增长的美好生活需要和不平衡不充分的发展之间的矛盾。国家相关部门也强调,不仅要对人才"入口"加以重视,更要对人才"出口"引起重视,为社会培养更多的复合型人才,让青少年成为体育运动发展的主力军。

(三)人才布局与流动软性障碍有待消除

由于中国地域广阔,经济发展存在着非常显著的地域性差异。这也就导致了不同地区体育运动的发展存在着较大的不平衡性。经济水平较高的地区,由于资金较为充裕,体育场地、设施等配套较为完善,教学训练水平也相对较高,对人才的吸引力较大,因此,这些经济发达地区成为体育人才流动的主要方向,人才布局特点显著;相反,经济欠发达地区的体育运动发展受到各个方面的制约,发展水平不高,体育人才的基础非常薄弱。除此之外,相应制度缺失和政府保障措施等软性障碍,也对体育人才的合理布局和有效流动产生了制约甚至阻碍作用。

二、新时代体育人才培养中存在的主要问题

从对当前体育人才培养的现状分析中得知,在这方面,我国在取得一些成就的同时,仍不可避免地存在着一些问题亟须解决,具体可以大致归纳为以下几方面。

(一)急功近利

急功近利的问题在基层体育竞技人才的培养过程中是普遍存在的,且较为严重。这在教练员身上体现得尤其明显,特别是

基层教练员训练运动员时没有遵循科学的训练方法,使运动员的成绩在早期飞速发展,提早进入运动巅峰期,但是使运动员的运动生涯大大缩短,不仅没有达到既定效果,反而对运动员未来的发展产生了不利的影响。

(二)培养者水平偏低

尽管体育传入中国的时间并不短,但是,发展效果并不尽如人意。与世界体育发达国家相比,我国体育的基础还不够雄厚,体育人才的培养者方面更是如此,与体育相关的其他学科知识的匮乏程度也是比较高的,这些问题都会对体育专业知识的传授产生直接影响,进而影响到最终的培养效果。

(三)体育发展的科学技术支持欠缺

近年来,我国体育事业有了突飞猛进的发展,但是,先进科学训练方法在体育中的应用仍然不甚理想,在训练方法上仍然是沿用之前的。这就限制了训练的效果以及运动员的成绩。除此之外,大多数训练场地和设备条件都与先进不沾边,也没有做好运动员的保护设施,这就导致训练中受伤的情况屡屡发生,运动员的训练安全得不到有力保障。

三、新时代体育人才培养的基本原则

在培养体育人才时,并不是随意而为的,而是要在遵循一定原则的基础上,有积极导向而进行的,从而保证人才培养的科学性与社会性。

(一)人才需求与人才供给相适应原则

尽管当前对体育人才的重视程度不断提升,关注的人也越来越多,但是在很长的一段时间内,体育专门人才的培养供给与需求对接方面存在着严重的问题,比如结构上严重失衡、专业建设与人才需求之间不相匹配等。体育专业的高等院校,不仅要做好人才培养的本职工作,还要按照体育运动的需求,对更多专门性的人才进行重点培养,并且保证人才需求与供给之间是相适应的、人才需求与专业建设之间是相对接的。

(二)理论知识与实践能力相结合原则

从现代教育观的角度出发,其最基本的原则和要求就在于将理论知识与实践能力有机结合起来;从体育人才的角度来说,需要做到的要求有两个方面:一个是学生要具有丰富的理论知识储备,一个是要让学生具有将理论知识运用于实践的操作能力。通过这两个方面来达到有效提升课程建设的实用性与实践性的目的,与此同时,还要求人才培养规格与就业岗位任职要求有效结合起来,培养学生具有专业知识结构为基础和良好实践能力为核心的学习能力。

(三)创新性与特色化相统一原则

做好体育人才的培养工作,关注的重点要放在特色化建设上,同时,还要注意使学生综合素质的提高和特色培养相适应。这样,才能符合培养主线的要求,即专业鲜明、特色突出的创新性人才,积极探索体育人才的培养目标、培育规格和路径。

四、新时代我国体育人才培养的主要对策

针对当前我国体育人才培养的现状以及存在的问题,结合基本原则,可以针对性地采用以下几方面的策略加以应对。

(一)选择协调发展的培养路径

体育人才培养发展是一项系统的大工程,要完成这项工程是需要经历很长一段时间的。不仅要在总体规划上有所加强,还要选择合理的人才培养管道,为新时代背景下人才培养的新结合提

供推动力。具体来说,可以从以下两个方面着手进行。

一方面,继续搭建能有效培养体育人才的各大平台,对于传统的培养体育人才的平台也不能放弃,比如,传统体育高校,在这方面,需要首先对职业技术学校人才结构有所了解和掌握,然后通过进一步的深度挖掘,将其在这方面的优势充分发挥出来,借助于"专门教育＋职业教育"的方式,培养和挖掘体育专门人才。由此,体育人才的普及面也能得到大大的拓展。

另一方面,将"以点及面"的人才培养基本路径构建起来。对于不同的培养平台来说,一定要将它们之间的沟通与合作联系起来并进一步加强,建设一批高层次体育人才示范基地和集聚区,以先进典型作为这方面的积极引导者,以地区推广和项目推广相结合,从而使我国体育人才的地区合作、行业合作、单位互动、共赢发展的新格局得以顺利实现。

(二)释放新时代人才发展的培养红利

十九大报告中明确提出:民族振兴的实现、国际竞争主动战略资源的赢取都离不开人才这一重要条件。同时,也将今后较长一段时间,要将知识、技能、创新方面的人才作为培养的重点的观点明确提了出来,其重要目标在于培养国际水平战略技术人才。由此可以看出,人才是新时代社会发展的基础和推动力,要深刻贯彻实施这一观点,同时,还要对新时代在人才培养方面的内涵与要求进行深入的分析和理解,领悟其中的含义,加强顶层推动的同时继续加快人才改革的速度,积极构建起注重技能培养、强调创新能力、合理优化流动机制的人才培养体系,清除掉人才培养与发展的软性障碍,有效释放人才政策红利,最终使人才需求与供给的相适应的目标得以实现。

(三)积极调整人才培养的相关内容

1. 制定科学明确的培养目标

根据一定的教育目的和约束条件,对教育活动的预期结果,就是所谓的培养目标,即对学生的预期发展状态所作的相关规定。

培养目标是体育人才培养的重要导引因素,因此,其必须是科学的、明确的,这样才能更好地将所有教学资源聚集起来,开展有的放矢的教学工作,建立系统完善的培养模式,培养高素质的人才。同样的,科学明确的培养目标也是体育人才培养过程中必不可少的重要组成部分,这样能够有效保证体育人才培养有效开展。

某种意义上来说,体育人才的范畴是非常广泛的,从事体育运动的专业运动员、懂得运动项目知识的专门人才,甚至是懂得体育知识的志愿者等专业人才都属于这一范畴。因此,在制定体育人才培养目标时,总的来说,就是要在制定科学明确的培养目标时,一定要做到全面、系统地考虑问题,必须具体问题具体分析,坚持实事求是,以人为本。

2. 设计科学合理的培养过程

在将科学明确的培养目标确定下来之后,就需要设计出科学合理的培养过程,那么要培养出高质量的体育人才,要求一定要以各个不同体育人才类型的培养目标为依据来将不同的人才培养过程设计出来。从相关研究中发现,专业的体育运动员的培养过程应是"学前教育—小学—中学—体校/大学—国家队"或"学前教育—小学—中学—俱乐部—国家队"这样层层递进的过程。对于除运动员之外的其他体育人才来说,培养过程应是"小学—中学—大学/专业院校"这样的过程,并且从事不同方面的工作人员需要掌握的相应的知识和能力也是不同的、有所侧重的。而且,不管是专业运动员还是其他体育工作人员,其基本素质教育都要进一步加强,基本素质教育是基础之需。因此,设计科学合理的培养过程一定要重视基本素质教育和专业技能教育这两个方面,不可忽视其中之一,而应将基本理论教育与实践教育相结合,设计层层递进的完备的培养过程。

3. 制定科学完整的培养评价体系

在有了科学合理的培养过程之后，就需要制定出科学完整的培养评价体系，并且要求必须是全方位、多方面的。在确定体育人才的培养评价体系的评价标准时，一定要保证多元化、常规化。

第三章　新时代健美操运动人才培养的准备、实施与管理指导

健美操运动中,人才的培养是最重要的,只有做好人才培养的工作,才能更好地从各个方面将健美操运动带动起来,进而保证其健康、科学地发展。在新时代健美操运动人才培养的先进理念指导下,需要在人才培养的准备、实施和管理等方面着手,做好相关的指导工作,从而保证人才培养的最终效果。本章主要对健美操运动人才选拔、人才成长以及人才管理三个方面进行分析和指导,为不同人才的具体培养提供必要的依据和支持。

第一节　健美操运动人才选拔指导

人才的选拔不仅仅是将人才选出来,还要对人才进行合理使用,做到人尽其才。只有遵循科学的人才选拔原则,使用科学的人才选拔方法,才可以准确、有效地选出人才,将其才能充分发挥出来。

一、健美操运动人才选拔的基本原则

不管所进行的人才选拔是哪方面的,都必须遵循基本的选拔原则,这样才能保证所选拔出来的人才是所需要的有用之才,保证成才率,避免失误的产生。具体来说,在选拔健美操运动人才时,应该遵循的基本原则主要有以下几个方面。

(一)德才兼备原则

德才兼备原则,是针对人才素质所提出的一个重要原则。在进行人才选拔时,都必须遵循"德才兼备"这一基本原则和要求。具体分析,所谓的"德",是政治标准,是选拔人才的前提,被选的人才一定要达到一定的政治标准;所选拔的人才,在符合"德"这一要求之后,再进行业务标准的衡量,即"才",其主要包括技术水平、业务能力、理论水平和工作成就等方面内容。

由于选拔的人才在类型和层次上有所不同,这就决定了对"才"的内容的要求和标准是不同的。如果选拔的人才是侧重科技研究方面的,那么对才的要求应该侧重专业理论水平的深度和科学研究的能力;如果选拔的是管理方面的人才,那就应该将侧重点放在思想素质管理能力上。一般来说,选拔的人才层次越高要求也应该越高。

(二)注重潜力原则

注重潜力原则,所针对的是人才发展。人才的发展,离不开对其潜力的挖掘与开发,可以说,人才潜力的大小对人才成长的最终高度起到决定性的影响。从选拔单位的角度来看,选拔持续发展人才是其主要任务,在选拔人才的过程中,那些有发展潜力的人才往往会受到青睐,他们通常会为单位以后的发展打下基础。

当前,很多教练员和部门领导在选拔人才的时候,往往被眼前利益所蒙蔽,而忽略了那些看似没有经验,但是潜力巨大的人才。如此一来,就会导致许多人才得不到发现和利用,造成大量人才流失,对成才率也有较大影响。

(三)公平公开原则

公平公开原则,所针对的是选拔方法。人才选拔的工作是非常重要且严肃的,因此,必须做到公平合理,否则就与选拔的目的相悖,便无法将英才和庸才分辨出来。

公平性原则不仅要在人才选拔上有所体现,在人才考核时也要严格遵循。不管采用的方法是什么样的,如果所引起的后果是不好的,出现埋没人才的现象,那么就需要在公平原则的基础上建立相应的管理制度和机制,并由主持公道、大公无私的人来主持。在选拔过程中坚持秉公办事、实事求是、重视客观的标准。

（四）适才适用原则

适才适用原则所针对的是人才岗位。人才在类型、层次等方面都是有一定的差异性的。每个人才都有各自的个性特征。对于包含健美操在内的体育运动来说,其所说的人才涉及出类拔萃的运动员、教练员、裁判员、教育者、各类管理人才等。

在进行健美操等体育人才的选拔工作时,要按照岗位的具体情况和要求来选定相应的人才。除此之外,在健美操人才选拔过程中,还要注意要解决的一个重要问题,就是如何把有限的人才合理地分配到恰当的岗位。

（五）有利发展原则

有利发展原则的提出主要是针对用人部门。对于部门的发展来说,人才是处于基础性地位的最重要因素。人才在数量上的富余程度,与部门发展之间的一致程度,都会直接影响到部门的发展情况。如果人才引进有误,不仅会对部门发展产生制约甚至阻碍作用,还会造成人才浪费。

有利发展原则,就是在选拔人才时充分考虑到部门后续的发展这一重要因素。部门领导还要考虑到所引进人才的类型、比例等问题,从而保证人才选拔的针对性和目的性,避免盲目性。

二、健美操运动人才选拔的基本方法

只有充分发现并选拔出人才,才能进一步对其进行培养和使用。可以说,健美操运动人才的培养中,人才的选拔、合理使用是最为重要的部分,因此,正确地选拔人才常被看作是人才培养的首要任务。要及时地发现人才,准确地选拔人才,就必须掌握科学的方法,这样才能将健美操运动人才及时地选拔出来。

(一)测试竞赛法

测试竞赛法,实际上就是对被选者采取考试或者竞赛的方式来将优胜出的人才选拔出来的方法。公平公正,直观简单,利于使用,是这种方法的主要优势。其也存在着一定的缺点,比如对人才的选拔比较片面,对被选拔者能力的考察缺乏综合性,只适合大规模的初级人才和竞技人才的选拔等。除此之外,在体育界通常会用到公平竞争法这一特有的选拔方法。具体如下。

1. 考试问卷法

通过答卷、问答以及难题求解等方法选拔人才的方法,就是考试问卷法。这种方法对于包括体育在内的所有行业的人才选拔都是适用的。通过考试,能够将智力水平高、运动技术好、基础知识雄厚、具有较强分析和解决问题能力的人才选拔出来,并按照其特长和特点放到恰当的岗位上加以培养,使之成为专项人才。

考试问卷法的考试和录取制度的严格程度是非常高的,在选拔条件上遵循人人平等的原则,被选者完全可以通过个人的主观努力达到被选拔的目的,因此,这种人才选拔方法有公平而准确的显著特点。

2. 公平竞赛法

遵照一定的规章制度,在同等条件下,通过公平竞争,裁判出优胜者的方法,就是公平竞赛法。这在竞技体育的人才选拔中应用非常普遍,效果最佳。

实际上,公平竞赛法是一种变了形式的考试方法。那些成绩优异具有发展潜力的运动员,在经过各种规模、各种形式和各种级别的体育竞赛后被选拔出来,然后被重点培养,从而得到更好的发展。

公平竞赛方法不仅是选拔人才的好方法,还能对人们积极参加体育运动,投身于体育事业起到积极的动员和激励作用。应用公平竞赛方法来进行人才的选拔,要对运动员所表现出的运动成绩及其未来发展的潜在能力进行充分考量,全面分析运动员的各种优劣条件,再决定取舍,从而使选拔上来的运动员的成才率得以保证。

(二)综合考查法

综合考查法,就是借助于多种分析方法来全面了解被选拔者的综合情况,并最终作出选拔决定的方法。选拔客观,能全方位地考查被选拔者的整体情况,是这一方法的主要优势;而其缺点也较为明显,即操作起来较复杂,费时费力,只对少量中高级人才的选拔较为适用。

1. 摸底预测法

摸底预测法,就是按照某项人才的素质要求,对大范围的应选人员的相关指标进行测定,并对未来的发展潜力加以预测的方法。这种方法对于体育竞技人才的选拔是非常适用的。

通过摸底预测法来选拔健美操运动人才,离不开科学的理论,否则就缺少了指导的因素。这一方法的缺点是需要用到专门的仪器进行检测,要有专家相配合,难度较大;也正是由于这些缺点,才体现了其优点,即科学性较强,被选出的人成才率较高。

2. 信息跟踪法

人才的形成与发展不是孤立、封闭的,其与信息的发展有着一定的相关性。从信息论的角度看,发现人才就是对人才输出的信息进行收集、整理、分析和判断的过程。人才信息输出渠道是多种多样的。一般来说,发现人才的信息渠道有很多,最主要的有这样几种:报纸、杂志的人物介绍;出版的体育书籍和体育杂志;专家咨询活动;各种体育学术报告会和专题讨论会;体育科研课题招标;一些重要的成功事件或有影响的活动;群众来信来访。

（三）招贤寻荐法

招聘贤能,推荐人才,这种选拔人才的方法就是招贤寻荐法。在人才推荐方面,具体方法有三种,即专家寻荐、他人引荐和自荐。本方法对选拔者的专业素质、职业道德都有很高的要求,同时,这一方法也具有容易出现徇私舞弊现象的显著缺点,因此,在使用这一方法时,一定要有有力的监督和自身的道德素质的提高作保证。

1. 张榜招贤法

这种方法有着悠久的历史,古今中外都曾采用。只是具体的手段和方式有所不同。通过张榜招贤法选才能够将选拔的范围适当扩大一些,这样能有效避免选材范围局限的弊端。通过这种方法进行选材,往往能够将那些有志于从事体育工作,并有一定专业水平而又没有机会参加公平竞赛的人选拔出来。

需要注意的是,在采用招贤法选拔人才时,必须严格执行选人标准,以实现确定的任务目标为前提,否则,就会为人所滥用,丧失其应有的科学性与真实性。

2. 专家寻荐法

寻荐的含义有两个,一个是寻找,一个是举荐。专家寻荐法,就是选派有学识水平的专家,到基层选拔专门人才的方法。这种方法对于各类人才的选拔都是适用的,在体育界有着广泛应用。一些潜在人才由于不能客观清楚地了解和发现自身的潜在能力,还有一些潜人才或知名度很低的人才也需要一些被发现和被推荐重用的机遇,这样才能充分挖掘和开发他们的潜能,并将这些宝贵才能最大程度地发挥出来。

在健美操人才选拔中运用专家寻荐的方法,所委派的选材专家必须得公正无私、作风正派、业务水平高、选才能力强,从而使人才选拔的公平公正性得到保证,保证选材的客观性和实效性。

3. 自我推荐法

自己举荐自己担任某项工作或做某种事情的选才方法,就是自我推荐法。其也有着悠久的历史。

对于采用这一方法的自荐者来说,需要有自知之明,在对自身才能有充分的了解之后,要有足够的勇气和胆量进行自荐。凡勇于自我推荐的人,往往就能将其本身的积极性特质体现出来,如果自荐成功,通常都能在工作进行和任务完成方面做得比较好,因此,这就要求一定要高度重视人才的自荐。一般的,自荐的成功率和准确性都是比较大的。

自我推荐法尽管有较高的成功率,但也不是全都成功的,这与自我推荐的正确性有关。但是不论怎样,都要对自荐的行为加以鼓励,从而保证自荐者自我推荐的积极性继续保持下去。

(四)待岗试用法

待岗试用法,就是让被选拔者先到相应的岗位上参与工作,在规定的试用期内对被选拔者的表现进行评估,最终由相关专家作出最终选择的方法。待岗试用法的主要特点是选拔时间较长,选拔效果极佳,耗时费力,因此,这就决定了这一方法对于个别高级体育人才的选拔,特别是体育管理人才的选拔的较为适用的。

上述几种人才选拔的方法都有其各自的优点和缺点,这就要求在健美操运动人才的选拔过程中,根据实际情况,有针对性和目的性地来采用一种或者综合采用几种方法,从而保证人才选拔的正确性、准确性和科学性,尽可能将所需人才充分发掘出来,避免人才的浪费与流失。

第二节　健美操运动人才成长指导

一、健美操运动人才成长方向的选择

(一)选择健美操运动人才成长方向的重要性

对于人才的成才来说,成才方向的选择是第一步。成才方向,对人向何方发展,成为何种人才起到重要的决定性作用。对于包含健美操运动在内的体育人才成长方向的选择来说,其是该项目人才成长的第一步。

研究成才方向的选择,具有重要的意义。很多人在选择成长方向的时候或是根据自己的一时兴趣,或者是出于经济实惠,或者是出于社会热门,或者是因为朋友爱好;没有认清自己的真正兴趣,也没有将自己的实际特长充分发挥出来,错用了自己的聪明才智。这些人的成才概率是非常小的。每一个立志成才者的首要问题就是要选准成才方向。正确方向的选择,对于广大立志成才者找到正确的成才方向是非常有利的。可以说,如果成才方向选择对了,有利于成才;而如果成才方向选择错了,就会走很多弯路,甚至最后不能达到成才的目的。

(二)选择健美操运动人才成长方向的依据

成才方向的选择依据主要是成才方向延缓的时间。通常,可以将其分为两个类别,一个是终生设计,一个是阶段设计。

1. 终生设计

终生设计,就是对人的一生成才方向的设计。健美操运动人才的终身设计是指一生献身于健美操运动,并立志在健美操领域中成才。

2. 阶段设计

阶段性的设计,就是某一时期内的成才方向。有的人一生只有一个成才方向,有的人一生有两个以上的成才方向。凡有两个以上成才方向的人都是在某一阶段内,向某一个成才方向发展的,到了一定时期,成才方向就会发生改变,如竞技体育人才的成才方向都属于阶段性设计,这对于健美操运动人才方向也是适用的。

3. 终生设计与阶段设计的关系

通常来说,阶段性设计往往是为终生设计服务的。终生设计中包含着若干个阶段设计。各阶段的设计之间相辅相成,互相联系,相互影响。阶段性设计的方向与最终成才方向越一致,最后成才的速度越快。

(三)健美操运动人才成长方向的选择方法

成才方向的选择,就是以某人自身素质特点或某种利益需求为依据来从总体上设计其成才方向。具体来说,健美操运动人才成长方向的选择方法主要有以下几种。

1. 尽量发挥出优势,而规避短处

人与人之间个体性差异较大,各有所长。因此,只有做到扬其所长,避其所短,才能将自己的优势发挥出来,这就要有自知之明。同时一个人的性格已经形成,对他向什么样的成才方向迈进有很大的影响。此外,在社会主义初级阶段,人们对成才的选择还要受到限制,要服从时代和社会的需要。

2. 要按照个人的素质特点进行选择

个人的素质特点与人才类型特点越接近,成才率越高。比如,逻辑思维能力和创新能力强的人,将发展方向定为体育理论或体育科技人才是比较合适的;而身体技能素质水平起点高的人,则将发展方向定为体育竞技人才方面较为适宜。如果不以自身素质特点为依据,盲目选择成才方向,则有可能永远成不了才。

3. 要注意年龄的适宜性

对于从事健美操等体育运动的人才来说,他们受年龄特点的制约是很大的,其运动成绩的提升是在适宜的年龄范围之内才容易实现的。超过了运动训练的最佳年龄,再选择以竞技体育为成才目标,成才的概率会大大降低。因此,错过了运动青春期的运动员,可以选择向体育教育人才、体育管理人才或体育科技人才发展,这方面成才的可能性会相对大一些。

4. 要注意目标的相对集中

选择成才方向不仅要对自己的内因条件进行充分考虑,还要对作为外因的社会环境为成才所创造的条件进行全方位的分析,社会对人才类型需求率越高,为人才所提供的条件越优越,成才的可能性越大。因此在选择成才方向时,一定要对社会的需求量进行充分考虑,使自己的成才方向适应社会对人才的需求,顺应时代潮流的成才方向。除此之外,生活的社会环境所能提供的成才条件也是需求率的重要方面,不可忽视。

总的来说,各种成才因素越优越的成才方向,越有利于才能展现,成才的可能性也越大。因此,在选择成才方向时,一定要对各方面的有利因素进行全面考量,努力选准成才方向,早日成才。

(四)健美操运动人才成长方向的设计类型

关于健美操运动人才成长方向的设计,主要有两种类型,具体如下。

1. 被定向型设计

被定向型设计是指社会或他人为某人确定的成才方向,其带有一定的强制性特点。被定向型设计对体育人才,尤其是竞技体育人才的发展有很重要的意义,这一点在健美操运动人才的发展上也有所体现。究其原因,主要是由于竞技体育必须经过早期的训练和培养,才能达到较高的竞技水平,运动员经过多年的训练才有可能成为高级体育人才。

被定向型设计虽然在某种程度上有一定的"强制性",但可以尽早地、科学地、系统地按才能发展的最佳年龄对人才进行培养。很多选择定向发展的运动员经过一段时间的培养后,都能够与自己的发展愿望相符,变被动成才为主动成才,因此运动员采用这种设计方法,成才率比较高。

被定向型设计成才往往是设计者按照自己的主观意志为他人确定的成才方向。因此,合理因素和不合理因素往往是共同存在的。被定向型设计是否合理,决定性因素在于设计者本身的识才能力。因此,人才成功与失败的关键在于设计者识才能力的高低,方向选择得正确与否。不可忽视的是,人在成才过程中是处在一个开放性系统中的,能否成才受多种因素的制约和影响。有的方向选择虽然正确,但由于受到另外一些主客观因素的影响,最终不能成才者大有人在。

由此可以得知,要想使被定向型设计成才的不合理因素得到有效减少,关键在于选才水平的提高。尽量做到使人的自身素质特点与成才方向一致,从而使人才的浪费和埋没得到有效避免。

2. 自定向型设计

自定向型设计是指自己按主观意愿确定成才发展方向。通常来说,自定向型设计往往都属于为达到某一目标而自行作出的选择,以及为此目的而作出的努力过程。

自定向型设计成才者方面起主导作用的是其主观因素,是人才成长的积极因素。善于自定向设计者,易走上成功之路,特别是对立事者来说,自定向型设计成才更为重要。体育人才队伍中,除体育竞技人才多属被定向型设计之外,其余各类体育人才多数都属于自定向设计成才者。

在成才方向的设计方面,其是根据环境和主体的变化而有所变化的,如果发现初次设计不合理,就需要随时进行适当调整。人才的定向设计是比较复杂的事情,一定要在早期就做好定向设计,否则,才能发展与所选的成长方向偏离的现象就会发生,这对于人才的发展是非常不利的。

要根据实际情况及时调整成才方向,这样能够选择更适合自己的成才方向。由此可以看出,只要认真研究自己的成才方向,掌握自身特点和各种人才成长的规律性,虚心听取有关人的意见,就能正确地选择自己的成才方向。

(五)健美操运动人才成长方向的转移

成才方向的转移是指由于某种主客观原因而放弃原专业,转向另一个专业学习或工作的现象。对于包含健美操在内的体育人才都面临成才转移的问题。特别是竞技体育人才结束运动生涯后,必须进行新的目标抉择,转向再成才的新目标。其他各类体育人才也有成才方向转移的问题。一般来说,需要转移成长方向的原因主要有四个方面,即调整错误方向、错过了某个成才目标的最佳年龄阶段或因某种原因不适合继续向原来的成才目标攻关、工作需要以及个体兴趣的转移。成才方向的转向对人才成长有很大的意义,也会产生很重要的影响。因此,这就要求采取正确的方法,来达到有效转移成才方向并尽可能成才的目标,具体如下。

1. 专业内选择法

专业内选择法的主要特征是没有离开本专业,只是要本行业的变动成才方向。一般来说,专业内选择方法对以前所学的基础知识和基本理论都用得上,但需要补充一些新的理论知识,使知识结构框架适应新目标的需要(图3-1)。

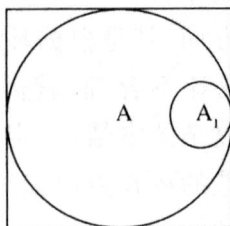

图 3-1

　　某种意义上说，专业内选择法是一种成才概率较大的转向方法。这种方法在多数人进行成才目标转向时都是适用的。

　　2. 学科内选择法

　　学科内选择法就是在自己所学的专业区域内选择自己有能力并感兴趣的领域进行工作和研究。如图 3-2 所示，在学科 A 内选择从学科 B 到学科 C 进行攻关。

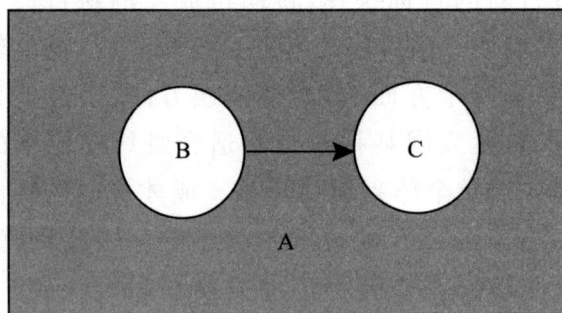

图 3-2

　　学科内选择法属于不脱离原来专业的选择，其优点主要表现为：可以充分利用原有的专业知识，对以前的知识和技能，能够充分利用。学科内选择法对于小范围内的目标调整是较为适用的。

　　3. 边缘选择法

　　边缘选择法如图 3-3 所示，既不搞专业 A，也不搞专业 B，而是在学科 A 和学科 B 的交界处选择一个目标 C 进行攻关。

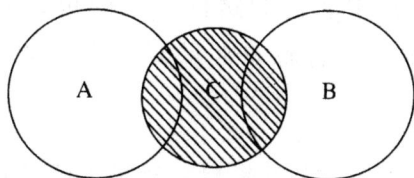

图 3-3

　　具体来说,这种选择方法对于具备 A 专业知识和 B 专业知识,但 A、B 专业中都没有太大发展前途的人更为适合。这种选择方法能够更好地将 A、B 两个专业的长处发挥出来,使知识杂交,学科杂交,能独树一帜,是走向成才的蹊径。

　　4.跨学科选择法

　　跨学科选择法如图 3-4 所示,从 A 专业转到 B 专业,在 B 专业内选择工作。

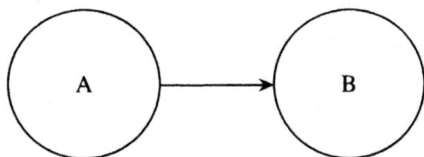

图 3-4

　　具体来说,跨学科选择就是我们通常所说的改行,属于跨行业的选择,这种选择方法是选择体育行业之外的成才方向,是大范围的目标调整,对于一些学习能力不强的人往往是不适合的;而对于那些确实选错成才方向,多年从事某一专业没有成绩的人来说,借助于这一方法,跳出原来的小圈子,另辟蹊径,往往是比较理想的选择。因此,通常情况下,这种方法还是不要随便采用的好。

二、健美操运动人才成长目标的确立

　　成长目标的确定,首先是制定体育人才成才战略计划的前提条件,其次也是建立体育人才最佳知识结构的客观依据,除此之外,还是寻找最佳成才途径的路标。由此可以看出,健美操运动人才成长目标的确立是有着非常重要的意义的。因此,就需要做好这方面的工作。

(一)健美操运动人才成长目标确立的原则

健美操运动人才在确定成长目标时,首先需要遵循以下几个方面的基本原则。

1. 动机的纯洁性原则

动机,是激发、维持、调节人们从事某种活动,并引导活动朝向某一目标的内部心理过程或内在动力。动机是一种内部心理现象,是无法直接观察到的,人们只能从观察表面行为的变化来对其背后的动机加以推测。通常情况下,可以将动机分为高尚的、正确的动机和卑贱的、不正确的动机。而成才的动机越正确,成才动机越强烈,越有利于成才;不正确的动机,也是非常不利于其成才的。

2. 个体的发展性原则

当前,很多人对个性有着一定的误解,将其与个人主义划等号,这是不正确的,这对于个性的发展以及人才的成长都是非常不利的。在过去较长的一段时间里,人才培养的个性被忽视了,实行"一刀切",这与人才成长的规律是严重不符的。个性发展才是与人才成长的规律相符的。体育发展需要有主动进取精神和创造精神的体育人才,而主动进取精神和创造精神的养成离不开人的个性的充分发展。同样,体育人才的个性发展一定要为整个体育事业服务才能体现价值,也只有为体育事业服务,才能更好地发挥和发展体育人才自身的个性。为体育事业服务和个性发展两者是可以相互促进的。因此,在确立体育人才成长目标时,一定要从这一高度出发,尊重人才个体的发展性原则。

3. 社会的需要性原则

个人的成才，不能是盲目的，而是要与社会需要相符的。只有把自己的志向、理想与社会的需要结合起来，社会才会为其实现个人价值提供广阔的用武之地和各种便利条件，其才可能将自身的聪明智慧发挥出来。可以说，主体成才最根本的就是要顺应社会的需要。除此之外，还要与本职工作结合起来。

4. 目标的科学性原则

关于目标的科学性原则，这里主要包括三个具体方面。

（1）目标的可行性原则

成才概率的大小，在一定程度上受到目标选择后能否成功达到预定的目标的影响。在目标可行性原则中，人才的最佳创造年龄是需要考虑的重要因素。具体来说，所谓的最佳创造年龄区是指人才创造活动成功率的年龄段。对于不同的专业性质来说，人才最佳年龄区也是不同的，但如果把同一专业人才加以概率统计分析，仍然可以总结出带有普遍规律性的最佳创造年龄区。

（2）目标的阶梯性原则

成才目标的阶梯性原则是指实现成才总目标，必须分层次、分阶段进行。一级一级的阶段性目标，实际上就是人生事业门槛下的层层阶梯。立志成才者只有一步一步地完成小目标，大目标才有可能得以实现。

遵循目标的阶梯性原则，首先，应该先定下希望达到的目标。其次将目标的实现过程划分为若干层次，使它呈现阶梯形。最后由低而高，逐步推进。另外需要注意的是，在贯彻阶梯原则时，一定要把成才过程当作一个系统来看待；在总体目标逐渐明朗化时，了解每个阶段性目标之间的内在联系；注意使每个阶段的知识、能力与这个阶段的目标层次相对应。

（3）目标的动态调整性原则

目标确定下来之后，并不是一成不变的，而是需要根据实际条件的影响和变化来进行适当调整的,从而保证其顺利实现。一般来说,目标调整的情况主要有:原来的目标选择不当的,如果坚持下去,难以实现,那就必须放弃。可以说,及时进行目标调整是成才的一个重要战略,但目标的调整也不能随心所欲,必须以社会需要、最佳才能和内心兴趣等为出发点。

(二)健美操运动人才成长目标确立的方法

对于健美操运动人才来说,他们在确定成长目标时,可以采用的方法主要有以下几种。

1. 工学同步法

与本人的工作现实情况结合起来选择成长目标,使工作与学习紧密结合,同步进行的方法,就是工学同步法。

2. 兴趣发展法

在社会需要的前提下,沿着自己的兴趣发展方向,将自己的成长的主攻目标确定下来的方法,就是兴趣发展法。

3. 分析发展法

在创造活动受挫后,分析失败原因,发现成才的最适宜目标的方法,就是分析发展法。如果一个运动员在经过多年艰苦的训练后进步仍不明显,那么他就必须对自己失败的原因进行分析,并且与自己的条件相结合,将自己最终的发展方向定下来。

4. 求师指点法

依靠导师的指点,确定成才的目标的方法,就是求师指点法。这里指的"师",是"三人行必有吾师"的"师"。对于从事健美操等体育事业的工作者来说,要学习的不仅是体育业内知识,其他学科也是要学习的方向和内容。

5. 社会检验法

通过输出自己的信息,以求社会的检验,再通过反馈,认清自己的才能优势,从而确定自己成才主攻目标的方法,就是社会检验法。这一方法对于刚毕业的体育毕业生是非常适用的。

6. 机遇追踪法

立志成才的人,碰到创造发现的机遇,就要抓住不放,不达到目的不罢休,这一方法就是机遇追踪法。

总的来说,人才成长目标的选择和确定,要以成才目标选择的原则为依据,遵循因人而异、因时而异的原则,按照适宜的模式进行。

三、健美操运动人才成长的规律分析

对于健美操运动人才来说,其成长并不是随意的,而是按照一定的规律而为的,具体分析如下。

(一)顺势成才规律

一般来说,对人才成长和发展产生影响的"势"的形态有两种:一种是外部条件的相对稳定期,即常态,其主要特点是稳定中有变化,变化中有稳定,这一时期适合线型和平面型思维的人才发展;一种是动态,这对于立体思维的人才个体的发展是一展身手的绝好时机。

要抓住时机,首先要做的就是选准时机。在选择时机时,需要对以下几个方面的问题加以注意。

第一,善于观察、思考。不仅要在宏观上对社会发展的大趋势、人才成长的方向有所掌握,还要对自己关注的成才方向和机遇进行适宜选择。

第二,要紧紧抓住"成才突破"的合理时机。健美操运动员在做好充分的准备之后,就要将要突破的最佳时机紧紧抓住,这样取得的效果才能比较理想。

第三,抓住、抓紧"成才认可"的时机。所谓成才认可,就是得到社会公认。在成才路上经过跋涉拼搏取得突破性成果后,选准时机并将其表现出来,争取社会及时公认,才能把握住成才的关键。

由此可以得知,对于所有立志成才的健美操运动员来说,首先,应该善于研究整个国家的发展趋势和当时所处的形势以及体育事业的现状和走向等,这些可以归纳到对外在的"势"的范畴中,与此同时,还要将其与自身的条件结合起来,与时势同步,准确把握有利时机,将自己的主观能动性充分发挥出来,遵循坚持不懈的原则,如此,最终取得的成才效果才有可能是理想的。

(二)曲折成才规律

曲折成才,也称逆境成才。就是在主客观条件都对人才个体的成长不利的环境下成才。尽管不利的条件不利于人才成功,但是在困难甚至逆境中成才的人数却实在不少,几乎达到普遍性特征的规律程度。

对于逆境和曲折,一是不怕,二是分析,三是以自己的行动或者摆脱它,或者克服它,或者弥补它,或者抛弃它。正确认识逆境和曲折,有时反而会变成极为强大的一种驱动力,使人们更能集中精力去工作,并在与逆境和曲折的斗争中,获得特殊的意志品质与战胜困难的能力。对于大多数人来说,他们的成才之路都是充满了艰辛和坎坷的。对于竞争更加激烈的体育人才的成长来说,更是要经过一番奋斗、失败、再奋斗、再失败。因此,在成才的路上有困难和挫折是很正常的,最主要的是怎样认识和处理这些困难,最终走向成功。

(三)协调成才规律

人才的整个成长过程中,会受到多重因素的影响和制约,这就需要主观与客观的协调一致。达到成才目标是协调的主要宗旨。

一般的，可以将协调分为两大基本领域，一个是"内协调"，一个是"外协调"，这两个领域又可以进行进一步的层次划分。其中，内协调通常可以进行三个层次的划分，即体力协调、智力协调、精神协调。外协调也可以进行三个层次的划分，即大环境（时代）协调、亚环境（职业）协调、小环境（家庭）协调。

改革开放以后，体育事业的发展速度日益加快，人才的需求量也因此不断加大，由此，人才培养的社会环境也得到了有效改善，尊重人才、重视人才的良好社会风气逐渐形成，而这也在一定程度上为协调成才的各方面关系创造了良好的条件，提供了相应的支持。

（四）竞争成才规律

竞争，不管是在人类社会中还是自然界中，都是一种普遍现象。人才的成长是在一定的环境中实现的，这一环境主要是指人与人之间的竞争过程，平等的竞争对聪明才智的发展和创造能力的提高都会起到积极的促进作用。人与人的平等竞争也能对人才施展本领，大显身手和提高不断进取、大胆创新的精神起到促进作用。因此，处于相互竞争环境里的人，容易作出成绩。竞争在体育人才成长的过程中同样明显，尤其是在体育竞技人才中更外露，每一次训练，每一次比赛，每一次进步都是在竞争和自我挑战中实现的。

需要注意的是，在竞争成才过程中不仅要保证参与竞争的态度是非常真诚的，还要将竞争与合作密切联系起来。良好的合作精神是取得理想竞技成绩的必要条件。竞争效果的发挥是需要借助很多因素的，而要达到最大化，是需要合作才能实现的；与此同时，竞争对合作提出的要求也更高，竞争能够起到增添活力的作用，合作则能够进一步升华竞争，两者相得益彰。除此之外，有勇者的胆识和拼搏精神参与竞争也是必不可少的重要方面，并且要按照现代竞争的"游戏规则"参与到竞争中,这样,成才才能在竞争中得以实现。

(五)扬长成才规律

人的才能,在量与质上都存在着差异性。这种差别的产生与天赋素质、后天实践与主观兴趣爱好之间的差异性有关。成才者是在最佳或次佳才能得到较充分发展的条件下,扬长避短走向成功的。因此,这就要求健美操运动者首先要对自己的长处和短处有充分认识,并且对这些长处和短处进行正确分析,对相互之间的关系明了,从而将其长处发挥出来,而尽可能将短处避开,这样才可能成才。"知人者智,自知者明,胜人者力,自胜者强"就是这个意思。

扬长,首先需要认准自己的长处,即最佳才能。才能是在实践中增长的,也只有在实践中才能得到认识。潜人才的类型是多种多样的,这就需要这些人能够对自身的才能有充分的自我认识。对于此,有人进行了总结,归纳为:水到渠成式、层层剥笋式、忽然发现式以及次碰撞式这几种。运动员根据自身实际情况加以分析和总结。

(六)创造成才规律

人才的本质特征之一是创造,创造的产生并不是凭空的,而是是在创造所必需的基础上,由创造动机开始,进入创造情境,经过创造的苦斗,在原型或思想火花的启发作用下,豁然开朗实现的。

关于创新,早有高度评价:"创新是一个民族进步的灵魂,是一个国家兴旺发达的不竭动力","主动创新的人,带着时代走;被动创新的人,时代牵着他走;拒绝创新的人,时代踩在他的身上走"!

通常情况下,可以将创造大致分为六个方面的程序,具体如下。

第一,创造的基础。创造是在一定基础上实现的。这里的基础主要是指知识与能力,不同类型的创造所需要的知识与能力也是不同的。对于包括健美操在内的体育人才来说,良好的身体素质、管理知识、管理能力、体育基本知识、技能、教育理论、教育方法都是非常重要的基础。

第二,创造的动机。创造动机的形成环境主要为创造渴望的追求过程中。其包括的内容主要有两个方面:一个是社会需求的动力推动;一个是个人的主观努力与之相适应。动机与社会、时代的客观需要之间有着不可分割的密切联系。

第三,创造的情境。创造对情境有一定要求。一般情况下,人在心情愉快、精神饱满的时候,容易进入创造角色。同时,外界环境对人的思维的作用,也要对此加以重视。

第四,创造的奋斗。创造是最艰巨、最复杂的劳动。创造需要付出的心血是非常大的,无论从事竞技运动训练、教练,还是从事体育管理、体育教育,艰苦的奋斗都是必不可少的。

第五,创造的完成。创造的完成,是创造性劳动出现阶段性成果,创造是没有止境的。更新的成果是以新的成果为出发点的。

第六,创造的检验。成果是否成功,必须经过实践的检验。实践是检验真理的唯一标准。只有与实践标准相符的成果,才能得到社会承认。

第三节 健美操运动人才管理指导

一、健美操运动人才的规划与使用

(一)健美操运动人才的规划

1. 人才规划的具体方法

人才规划的方法有很多,常见的有以下几种。

(1)摸清底数

通过细致调查,弄清楚现有人才的基本情况,涉及数量、比例、专业结构、使用等方面。

（2）综合分析

在归纳和整理好预测和调查结果的资料后，还需要对其进行分析，从而将存在着人才过剩、人才短缺的方面，如何补救以及未来需要增加哪些人才等这些问题明确下来并加以解决。

（3）按照预测分析的结果制定人才培养规划

首先，要分析人、财、物的承受能力，然后根据得出的结果来将人才规划制定出来，投资的重点以急需人才为主，除此之外，还要重点关注一下引进人才和培训人才。

2. 人才规划的分类

人才规划根据时间长短的不同可分为不同类型，比如，短期规划、中期规划和长期规划。还要根据规划的内容和要求来确定采用的规划形式是什么样的。具体来说，这三种类型规划之间的关系非常紧密。其中，短期和中期规划都是为长期规划服务的，而长期规划的实施也离不开短期和中期规划的支持。一般的，人才的规划期越短，准确性越高，也就越有可能实现。

3. 人才规划的实施

人才规划的制定是在一定的国情下进行的，并且也能将合理的人才使用、培养、发展的速度、比例、规模、投资等实事求是地确定下来。人才规划在具体的实施过程中，能够起到一些积极作用，比如，使人才培养中的比例失调、数量短缺和人才浪费等问题得到妥善解决等。

（二）健美操运动人才的使用

在做好健美操运动人才的规划之后，就需要对所需人才加以使用。使用人才时，则需要遵循以下几个方面的原则。

1. 爱惜人才原则

对人才进行管理时，首先要有爱才之心，不爱才就很难谈到用才有方。如果管理者对人才没有相应的爱惜之心，那么，就无法积极鼓励和肯定人才所作的贡献，这对于人才的生活和事业的发展都是不利的，同样也会影响到人才的积极性和创造性，进而导致人才的最高效益无法顺利实现。因此，这就要求管理者在使用人才时，要懂得爱惜人才。爱惜人才，就要做到关心人才、帮助人才，在相关的制度上加以体现。一切人才制度的建立，都要遵循一个重要的基础性原则，即有利于调动人才积极性和保护人才，这就使人才的各种需求得到了根本性的解决，同时，也充分发挥出了人才的最大潜力。

2. 信任保护原则

人才，都是通过自身的努力来取得相应成就，达成一定愿望的，对于健美操运动人才来说也是如此，其主要愿望就是通过自己的努力完成健美操任务来推动健美操运动事业的发展。因此，这就要求管理者在健美操运动人才的规划过程中，一定要高度信任和尊重健美操运动人才，这样能够使他们为了达成所制定的目标，而有目的性和针对性地将自身的主观能动性充分发挥出来。人在得到尊重和信任的时候，往往能够从精神上受到极大的鼓舞，这与物质奖励是有很大差别的，其所产生的无形力量有着巨大的能量。这就要求在用人时，一定要遵循"用人不疑，疑人不用"的原则。因此，一定要避免因一次失误和失利就指责或者评论运动员或者相关人员，从而给他们莫大的压力，使其无法将应有的作用充分发挥出来。

3. 对口使用原则

各种体育器材的用处都是不相同的，和这些器械一样，不同人才的用处也是有所差别的，且相互之间不可替代。因此，这就要求在用人时，要做到用人的针对性和准确性，要做到扬长避短，用人对口。"骏马能历险，犁用不如牛。竖车能载重，渡河不如舟。舍长以就短，智者难为谋，生才贵适用，慎勿多苟求。"这就形象地说明了对口用人的重要性。要力争用当其才,对口用人,否则人才的能力很难被挖掘并发挥出应有的作用。

4. 适用性原则

在人才的使用过程中,首先要对人才的政绩、业绩以及本人学历、资历等情况进行全面考察,客观、实际地了解这些方面的内容,同时,还要积极听取他人的反映,对人才作出正确的评价。一般来说,选择使用的人才应该是确实有能力、有发展的人才,打破论资排辈的陈旧观念,大胆提拔使用,使有远见卓识和有真才实学的人得以重用。同时,也必须防止那些"溜须拍马",专会谀奉承讨领导欢心的人以及唯命是从、没有学问、没有开拓精神的人钻空子。所以,使用人才重要的是看他在实践中的表现情况。要善于识别人才,不拘一格地使用人才,只有做到量才用人,才能对健美操运动的发展有所助益。另外需要注意的是,人无完人,每个人的优缺点都是互相交织着的,这就要求在使用人才时,要全面分析,只要人才能与其职能相称,就能发挥作用。

5. 动态调节原则

世间万物并非是绝对静止的,而是处于不断的变化中的,人才的管理也是如此。"流水不腐,户枢不蠹。"由此可以得知,客观事物的发展是在"动"的过程中逐渐实现的,人才的管理也应符合这一规律。

不管在什么样的情况下,人才的浪费都是最大的浪费。如果一些运动队、体育局中出现人才积压的情况,而另一些单位则存在着人才欠缺的情况,那么就会阻碍体育的科学发展,更不用说提高运动技术了,由此就会导致很多人无法将自身的才能充分施展出来,进而影响到国家的整个体育工作进程。

6. 奖励惩罚原则

在使用健美操运动人才时,一定要做到赏罚分明,有奖有惩,因为这样才能加速人才的成长,将人才的积极性和主动性发挥出来,更好地赋予健美操运动活力与朝气。也就是说,必须对那些在健美操运动中作出贡献的人给予不同程度的奖励,才能将他们的积极性充分调动起来。

但是,奖励的方式有很多种,大致可分为两大类,即精神奖励和物质奖励,比如常见的嘉奖、记功、奖金、加薪、升级等。严肃批评那些在健美操运动和比赛中出现的不端行为,比如作风恶劣、弄虚作假、无组织、无纪律或破坏团结协作,甚至违法乱纪的,以及由于不负责任而造成事故的行为等。

但是不管怎样,在进行奖惩时,必须要遵循标准公平合理、奖罚要及时落实这两个原则。

二、健美操运动人才的考核与评价

对于健美操运动人才来说,公正合理的考核与评价是非常重要的,其不仅能将人才的积极性充分调动起来,而且对于人才的选拔,合理、充分地使用人才,以及正确地评价技术职称和晋升工资等都意义重大。

(一)健美操运动人才考核原则

1. 德才兼备原则

在对健美操运动人才进行考核时,首先要对其政治、业务和思想道德修养等基本素养方面进行全面考核,这是非常重要且必要的。我党历来提倡人才要德才兼备,这主要归结于人才的贡献和发展与人才业务能力以及人才的政治品质和思想道德修养生息都是有一定的关系的。因此,对于那些业务能力高,但是却不愿为社会主义体育事业服务的人是不能重用的。

2. 业绩优先原则

业绩是衡量人才的一个重要标准,因此,在考核人才时,一定要将业绩作为重要参考标准,这也是要遵循业绩优先原则的重要原因。在业务考核上,人才的实际水平,特别是实际贡献的大小是一定要高度重视的重要方面。但是要注意,不能对考核的评价标准产生误解,即考核人才的标准有很多,并不只是能力大小和劳动态度的优劣这两个方面。

在对健美操运动人才进行考核与评价时,主要的参考依据是其所作出的贡献大小,因为只有有业绩,才能算得上是实实在在的人才。业绩往往作为一个重要的标准来对人才层次加以衡量,因此,一定要将业绩的考核放在体育人才的考核,尤其是专业技术人才考核的重要位置上。除此之外,人才的差异是客观存在的,这在人才的类型和层次以及具体的业绩方面都有所体现。

3. 分门别类原则

不同类型的人才的侧重点不同,需要考核的内容、采取的考核方法以及标准也会有所差别,这就是所谓的分门别类原则。由于体育方面的人才所涉及的类别较多,这就要求用不同的标准来衡量不同类型的人才。比如,运动员和教练员的衡量标准就是不同的。在分类时,一定要将各类人才的特征准确把握住。相关的专家学者要共同研究和制定各类人才特征。同一类型的专家对自己所擅长的类型的运动项目的人才进行考核,这样才能保证考核的权威性和科学性。

4. 公平合理原则

人才考核的工作是非常严肃认真的,必须做到公平合理才能达到考核的目的,才能将英才和庸才分辨出来。人才考核时,一定要遵循公平合理的原则,否则,就会引起不良后果。不管采用什么样的方法,遵循什么样的制度要求,都必须具备一个前提条件,就是要做到公平合理,同时,还要求主持、实施的人员必须做到主持公道、大公无私。在考核过程中,一定要坚持秉公办事,遵循实事求是的原则,重视客观的标准。除此之外,考核人员还要从保证考核的多方面、多角度、多渠道,这样才能使得出的考核结果是客观、公正、合理的,之后,再借助于各种评价方法,涉及领导、专家、同行、群众和自我评价等方法,广泛听取各方面的意见。

(二)健美操运动人才考核方法

1. 直观评判法

直观评判法,是一种较为合理的判断人才的方法。具体来说,就是以被考核人员在平时的表现为依据,并且对这些方面的内容进行全面、综合评价、分析。在人才考核的实践过程中,对人才加以鉴别时,或多或少都会出现一些无用人才滥竽充数的情况。而这往往就是因为考核的准确程度不够导致的。因此,在采用直观评判法对人才进行考核时,要求尽量多方面地听取相关意见,并选派作风正派、原则性强、鉴别水平高的人从事此项工作。

2. 定量分析法

定量分析法,就是指分析和鉴定已经完成或即将完成的成果的一种考核方法。对于一个体育管理部门来说,如果能扭转管理的混乱局面,大刀阔斧地改革制度,使健美操运动得到有效发展,这也能够将管理人才的工作成果充分体现出来。

3. 考试记录法

考试记录法,就是通过考试的形式来了解被考核者的学识水平,采用的具体形式主要有口试、笔试及比赛等。需要注意,通常是将考试记录法与直观评判法和定量分析法结合起来使用的,这样才能将人才的学业水平、思想品格、工作态度及工作成果等全方位地反映出来。一定要重视人才考试记录,这对反映人才的真才实学是有较大作用的。

4. 情景模拟法

情景模拟法,就是在拟定的工作环境中,通过各种方法的运用,来对被考核人才的心理、行为及各种能力进行观察、测试的方法。情景模拟法的具体形式具有多样性特点,因此,能够满足不同的人对不同模拟方法的需求。当前,这种方法已经开始广泛应用,尤其是在我国国家队教练的录取上。通过这些方法能较为准确地考核出人才全面的实践才能,这对于人才的真实水平的考察是有所帮助的。

除此之外,述职报告法和测评计分法也有所应用,这里不再进行具体论述。

(三)健美操运动人才评价方法

对人才进行考核的主要目的就是对其进行评价。经过实际考核所得出的结果,实际上就为人才类别和层次的评价提供了较为可靠的依据和支持,这也就为评价的客观性和公正性创造了有利条件,人才的选拔也会较为理想。但是,评价人才本身是一项复杂性较高的工作,为了保证评价的公正准确,通常都是由专家组成评委会的。除此之外,还要求评委会人员必须专业水平高、政治素质好,必须秉公办事,这样才能保证评价结果的客观性与科学性。

一般的,按照不同的标准,可以将人才层次标准进行不同的划分。比如,按照级别标准的不同,人才层次标准有初级人才标准、中级人才标准和高级人才标准这几个方面;按定性标准的不同,则可以将人才层次标准分为优、良、中、可、差或者很好、好、较好、一般、较差等不同层次。

评价人才时,一定要与使用、奖励、晋级结合起来,重用有才能的人,量才用人,使人才与职务相符合。对有贡献的人才,给予适当的奖励以资鼓励。如此,能够将人才积极性充分调动起来,将其潜力尽可能发挥出来。

三、健美操运动人才的流动与调节

（一）人才流动的意义与性质

1. 人才流动的意义

一切事物只有在运动中才能保持活力。"流水不腐，户枢不蠹"就是形象的说明。在人才的管理过程中，允许人才流动，使才能互有，才能对人才积极作用的发挥有利。具体来说，人才流动的意义主要表现为：利于智力交流；避免人才浪费；调节人才结构；促进人才的合理布局；促进领导做好管理工作；提高人才的竞争意识。

2. 人才流动的性质

人才流动有着多种多样的形式，但是，不论形式如何，都可分为两种：一种是合理性流动，一种是不合理性流动。人才管理结果会对人才的合理流动起到积极的促进作用，从而推动事业的发展和人成其才，同时，也能使不合理的流动、浪费人才资源的情况得到有效避免。

总的来说，从性质上来说，"变废为宝"或"变小宝为大宝"的人才流动都属合理的人才流动；而人才的不合理流动则是与人才合理流动相反的。

（二）健美操运动人才交流的基本措施

人才的交流，实际上就是通过动态的形式来有效调节人才。只有做好人才交流工作，才能有效增加对外来的具有不同优势的人才的吸引力，由此，体育工作效益也会大大提高。

具体来说，要想做好健美操运动人才交流工作，可以采取以下几个方面的措施。

1. 尽快地改变"近亲繁殖"现象

这里所说的"近亲繁殖",就是将人才培养部门所培养的人才重新纳入原来的人才培养部门和机构来加以使用。大学生和研究生留校任教就是典型案例。目前,我国体育院系通常都会采用留用本校、系的"尖子"学生的方法,向兄弟院校要人的还非常少。由此,这一系统便逐渐形成了封闭或半封闭式,与此同时,还会产生一些不良影响,比如,学术眼光狭窄、风格单一、思想死板、缺乏活力,这些都会进一步影响到体育科学事业的发展,因此,必须尽快纠正这种现象。改变这一现状,可以采用将各个院校的尖子学生吸收进来,使其能够任教或从事科研工作的方法,这样能够将新的技术风格和新的学术思想带入到教学工作中,同时,单位的活力也会有所更新和增加。

2. 实行人才招聘制度

人才的流动,也会受到人才招聘制度的影响,总体上是起到积极的推动作用的。人才招聘制度应用于我国体育界的时间还很短,但是,其所产生的作用和意义是非常大的。通过人才招聘,能够对人才流动、人才竞争起到积极的激励作用,这样可以更好地达到人尽其用的效果,好处颇多。

对人才进行招聘,不仅能够起到有效补充本单位人才不足的情况,还能对本单位人员的工作热情起到积极的激励作用。在招聘人才之前,首先要细致分析本单位人才的种类和数量,将要招聘的人才的类型和数量确定下来,然后通过各种形式来对目标人才进行物色、选择,并且进行考核,择优录取。一般来说,招聘人才的方法主要有面试法、考试法、试用法、推荐法这几种,具体要根据实际情况加以选择和运用。

3. 要对人才的合理流动加以鼓励

当前,我国健美操运动人才方面存在着数量较少且分布的合理性欠缺的问题。鉴于此,国家就要采取一定的措施,来将健美操运动人才统筹安排工作落实好。尤其是对学校培养的毕业生,要将他们有计划、有针对性地补充到某些地区和单位中去,使那些人才缺乏的地区的问题得到有效改善。对于一些急需的人才,在做好他们思想工作的同时,也要采取一些具体的措施加以鼓励,尤其是对那些由内地流向边远地区,由大城市流向中、小城市,到国家急需的地方和单位工作的人才,更要从其实际情况和需要上给予奖励或者鼓励,从而使每个人都能发挥其应有的作用,促进健美操运动的进一步发展。

4. 采取在编流动的方法

人才"在编流动"的方式,具有简单易行、见效快的显著特点,对于需要人才流动时,因为各种原因对人才的在编活动存在困难的情况较为适用。具体可以采用的方法主要有以下三种。

(1)请进来

请进来,就是把急需的人才请来对相关工作加以指导或者开班讲学。这些专家的引进方式可以是多种多样的,没有具体规定。投资少,见效快,机动灵活,是这一方法的主要特点。

(2)走出去

走出去,就是走出去跟别人学习相关的先进经验。走出去学习的价值要高于"请进来"的价值,关键是走出去的人是否能把别人的先进经验真正学回来。因此,在派出学习的人上,往往会选择有较高业务能力的人,从而尽可能保障较好的学习成果。

(3)临时借调

人才流动过程中,往往也会采用借调人才的形式,这一形式的适用范围是:单位感到完成某项任务或攻克某项技术难关有困难时。在借调期间通过临时借调,能够达到双双受益的结果,这主要体现在技术交流上。借调的人才完成任务以后还可以返回原单位工作,这种方法运用于健美操运动人才不足的情况下,往往能够将健美操运动人才的作用充分发挥出来。

(三)健美操运动人才流动的科学调节

当前,世界各体育强国在引进优秀人才方面,采取的通常都是花大价钱聘用外国高级体育人才。这也逐渐抬升了体育明星的身价。导致这一现状的主要原因在于,很多国家都将引进高级体育人才看作是省时间、省人力、见效快的一本万利的生意。事实和相关实践证明引进人才能迅速优化本国、本地区或本单位原有的知识结构,带来新的学术理论和技术水平,对于优秀成果和人才的产出是非常有帮助的。

体育人才的大量外流,主要体现在两个方面:一个是向国外的同行业流动,一个是向国内其他行业流动。当前,有很多人不能按照原来所预定的方向继续从事体育的相关工作,转到其他行业,这就会导致一些有体育天赋的可造就人才半途而废。有些部门已经开始重视当前这种人才的逆转现象,但体育人才外流的情况仍然存在。由此可见,迅速改变人才大量外流的局面是目前要解决的重要问题之一,要从宏观和微观两方面入手,从政策、措施等方面着手,保证人才队伍的稳定性,遏制人才的过分外流。

第四章 新时代健美操教学人才——教师的培养与发展研究

不管是什么样的运动项目,要想参与其中,首先要通过学习来了解这些运动项目,在掌握一定理论知识的基础上,才能将这些知识应用于实践中,完成对运动项目的参与。这一过程中,教师扮演着非常重要的角色——教学人才。教师在教学过程中是处于主导性地位的,因此,在健美操运动教学中,教师的基本素质和专业水平在很大程度上决定着教学水平如何。本章主要对当前学校健美操的开展状况、健美操教师的基本职业素质、职业技能以及其教学能力的培养与发展进行分析和阐述,从而使教师的综合素质和专业能力得到综合性的提升,进而推动健美操运动的持续性发展。

第一节 当前健美操在学校中的开展状况

健美操是一项起源于美国的运动项目,其与音乐有着完美的结合,不仅能有效锻炼身体,还能愉悦身心,受到人们的广泛欢迎。健美操进入中国,就是从学校中开始的。对此,学校高度重视,并且逐渐开设健美操课程,健美操教学便由此开始了。随后,国家一系列支持政策与措施的实行,促进了健美操运动的迅速发展。当前,健美操已经成为我国高校中的主要教学内容。

一、健美操教学开展过程中存在的问题

(一)师资力量不足

目前,健美操教学中普遍存在的问题之一就是师资力量的不足。导致这一现状的原因主要是,许多学校开设健美操课程的时间较短,仍处于初步的探索阶段,师资力量的建设还处在摸索阶段。除此之外,性别比例不协调、教师年龄结构存在比例问题、教师的学历结构有待提升等也是师资力量不足的重要表现。

(二)教学方法与手段需要改进

目前,在我国许多学校的健美操教学中,教师所采用的教学方法往往还是较为传统的,比如,教师首先在学生面前演示几次,然后由学生自己去练习,直到掌握为止;让学生自由练习,通过观察,对学生动作错误及时进行纠正。这两种教学方法都有其各自的优势,但也存在着不足,这对于教学效果的提升都是不利的。

(三)教学场地设施条件参差不齐

健美操的场地设施是开展健美操教学的必要条件,会对健美操教学产生重要影响。一个好的设施与教学条件是保持教师教学热情、学生学习积极性的直接因素,同时,也能使运动损伤的有效避免得到保证①。然而,大多数学校都没有专门的健美操场馆,也没有配备相应的设施,基本是在操场进行的,这就限制了健美操教学的开展与发展。

---

① 鲍晓玲,祁红.新疆高校健美操教学发展研究[J].体育世界(学术版),2017(12):143-144.

（四）教学内容单一、枯燥

当前，对于大部分的学校来说，其所开设的健美操课程都存在着教学内容单一、枯燥的问题，学生所学习的理论知识枯燥，很难激发起学习兴趣，在动作上也通常是比较简单、固定的，需要反复练习，缺乏趣味性，无法调动起学生的学习积极性。传统的健美操教学无法满足学生的需求，这就使得健美操的开展与发展受到了一定的限制。

（五）学校领导的重视程度不够

目前，很多学校的领导，对健美操的重要性和其对学生产生的积极影响还没有足够的认识，因此，在健美操的相关投入上就会比较欠缺，从而导致健美操教师资源短缺、教学设施无法满足基本需求以及教学内容单一、枯燥等问题。由此可见，领导重视程度的高低会对健美操教学情况的好坏产生决定性的影响。如果学校领导不能高度重视并大力支持健美操运动的发展，那么就会阻碍健美操教学发展，使学生对健美操产生厌恶的心理，认为其枯燥、沉闷，毫无意义，影响学生对健美操的正确理解[1]。

（六）学生主动参与意识欠缺

健美操本是一项有益于学生身心健康的运动，但是，由于投入力度不够、教学方式传统等方面的原因，学生主动参与的意识不高。在很多学校中，健美操都是在体育教学中以选修课的形式存在的，且是众多选修课中的一个，因此能真正参与到健美操教学的学生数量十分有限，这些加入的学生对健美操的兴趣较低，只是把它作为一项任务去完成，以便顺利通过考试。

---

[1]　韩柳．高校健美操教学现状及对策探究[J]．青少年体育，2017（12）：86-87.

二、当前健美操教学开展中的创新与应用

尽管健美操教学当前的开展过程中仍然存在着一些问题,但是,也无法否定开展过程中取得的一些成果。比如,自主性教育模式就在健美操教学中有着较好的应用。下面就对自主性教育模式及其应用加以剖析。

(一)自主性教育模式概述

通过有效性方法提升学生自身的学习兴趣、学习的能力,使得他们的学习质量和效率获得提升,最终实现良好效益和价值的一种教学模式,就是所谓的自主性教育模式。自主性教育模式有着显著的特点。

(1)能够遵循学生秉性,将学生自身特长发挥出来。每一个学生都具有自身的爱好和特长,这就要求教师在教学中要以此为依据来进行,并且结合他们的优势与不足,进行有针对性的教学,从而保证教学的质量。

(2)能够对学生自身素质能力加以培养。自主性教育模式与传统灌输性的教学方式之间是有所差别的,主要表现在:其对应用有效性的方法来充分调动学生自身的直观积极性是非常重视的,这样能够使学生在有效性目标明确后,在教师的有效性指导和帮助下,培养学习兴趣,提高学习能力。

(二)自主性教育模式在健美操教学中的应用

自主性教育模式在学校健美操教学中加以应用,意义重大,具体表现为以下几个方面。

(1)从学生的角度来说,自主性教育模式的有效应用能够将学生的学习兴趣充分激发出来,这对于学生之间的交流与沟通,以及他们对健美操学习质量的提高都有积极的影响,从而使他们的自主学习能力和对有关知识的主动性探求的能力得到提升,由

此,学生自身的身体素质得到综合提高。

（2）从教师的角度来看,将自主性教育模式有效性应用于健美操教学中,能够使提升健美操教学质量的方法具有更加显著的直观性、生动性、形象性特点,这对于教师既定教学目标的完成,素养良好的健美操运动者的培养与教育都有着重要意义。

（3）从学校的角度来看,管理者可以借助提高健美操教学的质量和水平这一突破口,通过有效方式的应用,来进一步改革和完善其他学科的教学模式,尽可能使学生学习的兴趣得到激发,使学生的学习质量大幅提升,最终顺利实现既定教学目标。

自主性教育模式在健美操教学中的广泛应用,有着重要意义,但其应用是需要借助于科学的方法才能实现的,具体有以下几个方面。

1. 以学生为主体

健美操教学需要充分以学生为主体,对学生良好的学习积极性进行培养,使他们树立起良好的学习目标。

2. 改善现有教学方式

要对现有的教学模式加以改善,由此来达到提升教学质量和效率的目的。

3. 培养学生的自主学习意识

学生的自主学习意识是教师要重点关注的方面,因此,就需要借助各种有效性方法的应用来对学生加以培养。我国的学校教学长期处于传统教学方式中,采用的教学模式也是传统的,这就忽视了学生的主体性,也就导致学生自身主动去探索和发现学习乐趣的好奇心缺乏,学习质量无法得到保证。这也是健美操教师要面临的问题。因此,提升学生学习的自主性,是教师必须要做的重要工作。

4. 有效性应用新型教学方式

教师通过新型教学方式的应用,能够使健美操教学质量和水平得到有效提升。其中,网络信息化教学是较为显著的一个方式。

5. 重视对学生实践学习能力的培养

对学生实践学习能力的培养加以重视,在学生学习健美操并提升其专业水平方面意义重大。对此,教师需要做的工作主要有两项内容:一个是更新教学理念,一个是注重社会实践①。

6. 加大师资力量的投入

师资力量是高质量、自主性教学得以顺利进行的重要条件。因此,做好师资队伍建设是非常重要且必要的。具体来说,学校要在师资建设方面加大资金投入,在教学设备和设施上有所保障,从而保障教师直观素质教学的进展;另外,高薪聘用一批具有创新思维的健美操教师也是非常有效的途径和方式。高素质教师能够在教学过程中将他们身上所具有的创新精神和思维言传身教给每个学生,从而积极激发起他们学习的主动性。

第二节　健美操教师的基本职业素质

一、高尚的道德品质

教师是人类灵魂的工程师。体育教师在学校体育中也处于同等重要的地位,其不仅是学生健美体魄的塑造者,还是学生优秀思想品德的培育者,不仅是体育人才的启蒙者,也是体育文明

---

① 程香.自主性教育模式在大学健美操教学中的应用[J].运动,2018(01):105-106.

的传播者^①。由此可见,教师道德素质的高低对其教学质量有着重要的决定性影响。具体来说,教师的道德品质大致包含以下几方面。

（一）热爱学生,谆谆教诲

对于教师来说,做好教学工作是其本职所在。而要完成这一本职工作,就要求教师必须热爱学生,这是最基本的要求,也是处于首位的要求。需要强调的是,教师要对全体学生都持有热爱之心,而不是对其中的几个或者一部分。但是也要注意,在具体对待每一个学生时,要根据学生的实际情况而有所侧重。对待差生,要首先了解他们的不足和优势,以鼓励为主,引导其扬长避短,逐渐增强综合素质;对待优秀的学生,则要在鼓励的同时,积极发现并分析存在的问题,指导其积极改正,从而使其做到更好。

（二）严于律己,为人师表

教师的主要任务就是教书育人,实际上,育人要排在教书之前,即要求学生首先要学会做人,然后才是对知识、技术等的学习。学生有着显著的模仿性、可塑性特点,因此,教师的思想、品格、情感、举止风度等都会对学生产生潜移默化的影响,并成为学生效仿的对象。因此,这就要求教师一定要严于律己,注意自己的言谈举止和形象,尽可能表现出积极的形象和态度,为人师表,处处为学生当好表率与学习的楷模。

（三）敬业、乐业,无私奉献

任何一个人,要想干好一件事,必须有强烈的责任感和事业心,对于教育事业中的教师也是如此,可以说,一丝不苟的实干精神,以及将毕生精力奉献给教育事业,是教师其他素质的前提和

---

① 杨贵仁. 中国学校体育改革的理论与实践[M]. 北京:高等教育出版社,2006.

决定性因素,同时也是教师道德素质的核心所在。"春蚕到死丝方尽,蜡炬成灰泪始干"是对教师无私奉献精神的形象表述。同时,乐业、敬业精神也是教师的重要精神,这为我国教育事业的发展作出了显著贡献。

二、与时俱进的教育思想和教育观念

教育思想和教育观念在教师基本职业素质中有着非常重要的地位和作用,能够将人高层次心理需要反映出来,这对于教师从事教育教学工作有着积极的推动作用。

当前社会发展进程不断加快,各种思想、观念以及意识每天都有新的变化,为了跟上社会发展的步伐,教师也必须具备与时俱进的思想意识和观念。教师必须具有素质教育的思想和观念;对于健美操教师来说,还要具备终身体育等全新的教学观、人才观、学生观和教育质量观。对于教师教育思想和教育观念的发展与改进来说,可以大致归纳为三个"转变":一个是为升学、比赛服务转变为为提高全体学生素质服务;一个是评价标准的转变,即以运动成绩、考分、升学率为评价标准,转变为发展学生全面体能与身体素质的评价标准;还有一个则是由传统教学模式转变为新型教学模式。

三、良好的敬业精神

教师要认真履行自己的职责,对教学工作要做到精益求精,要把健美操教学与培养社会主义建设人才有机联系起来。要从对整个教育发展的历史的了解和认识出发,对自己所从事的工作,进行纵向和横向的全面审视,苦练基本功,认真对待教学工作的各个环节,认真备课,精心设计,全身心投入到传授健美操知识、技术和技能中去。

四、丰富的知识结构、体系

丰富的知识，科学的知识结构和体系，是教师必须具备的基本条件之一。

(一)基础性的理论知识

教师需要具备的基础性的科学知识是非常广泛的，其中，较为主要的有：政治理论和时事、政策方面的知识，这是指导教师开展学校体育工作的思想保障；人文社会科学知识，这是搞好学校教育工作的基础文化知识；自然科学知识，这是保证学校教育顺利开展所必要的基础科学知识。除此之外，生物学的相关知识则是进行教学的指导依据的知识。这些都是教师应具备的基础科学知识。

(二)专业知识与技能

专业知识是不同学科教师开展教学工作所必须具备的重要知识内容。对于健美操教师来说，其首先应该掌握体育方面的基础性知识，然后在此基础上，再进一步学习和掌握健美操的相关专业知识与技能，这样，才能有效从事健美操的相关工作。具体来说，健美操方面的专业知识主要涉及健美操的地位、本质功能及一般规律与特性，我国体育教育的目的和任务、教学规律、特点及教学原则、方法等；健美操的专业技能则包括动作技术、规则、裁判方法及教学方法与应用等。

(三)教育学、心理学的相关知识

在教学过程中，教师教学活动是要以对学生充分了解为前提。教师所有的行为和措施的实施，都必须以学生的实际情况为依据进行，因此，其首先要做的就是了解和掌握学生的心理特点，同时，还要熟练掌握向学生传授知识、技能的方法和技巧。当前，教育改革不断推进，为了与教育事业的发展保持步调一致，教师一定要掌握教育的相关知识，同时，还要对教育和体育的相关学科理论知识进行熟练应用，从而最终通过良好的教育方法和技巧将自己丰富的理论知识与技术技能尽可能地传授给学生，对学生身心全面、和谐的发展起到促进作用。

（四）与专业相关的其他学科知识

随着社会的不断发展，学校的教育形式也发生了转变，这对学生的知识储备提出了更高的要求，由此，也导致对传授学生知识的教师提出了更高的要求，需要他们不断丰富自己的知识结构，拓展自己的知识面。对于健美操教师来说，除了必需的专业知识外，还应对与健美操相关的体育学、体育行为学、体育美学、体育管理学、体育史等学科的知识有一定的了解和认识，以开拓视野，发展思维。

五、良好的身体素质

对于所有的教师来说，良好的身体素质都是必需的。尤其对于健美操等体育教师来说，这是保证教学活动顺利进行的重要基础之一。对于健美操教师来说，他们不仅要进行健美操教学活动，还要组织课外活动或业余运动锻炼，进行与体育教学相关的科学研究，工作的时间较长，强度较大，因此，对于体育教师来说，不仅要有强健的体魄，持久的工作耐力也是必须具备的重要条件之一。教师自身要对身体素质的提高加以重视，因为这样才能为教学活动的顺利进行奠定坚实的基础。

六、较高的技术技能水平

对于健美操教师来说，应该具备一定的技术基础和技能水平。否则，就无法教授学生健美操的专业知识，也无法引导学生产生对健美操的兴趣,使其积极参与到健美操的实践活动中去。除此之外,教师在娱乐体育和休闲体育方面也应有所涉及,并能熟练掌握一些项目的技术和技能,这样,才能将教师的本职工作做好。

七、良好的创新意识

只有不断创新,才能不断发展。创新是健美操教学取得良好效果的重要条件和保证。健美操运动作为一项重要的体育运动,发展速度较快,因此已有的技术水平已经无法满足学生的需求,这就要求教师不能墨守成规,要敢于在实践中提出新的观点、新的技术、新的动作、新的方法和手段,要善于观察、积累与研究,不断完善与优化教学内容、教学方法和教学手段,探索新的教学途径[1]。

第三节　健美操教师应具备的职业技能

一、健美操教师应具备的全面职业能力

(一)教学能力

不管是什么样的教育,都是通过教学这一基本途径来实现的。教师作为教育的执行者和主导者,其必须具备较强的教学能力,这是其基本职业能力,能够将教师在教学方面的综合能力反映出来。可以说,教师的教学能力可以从具体的教学水平以及教学管理、教学计划与决策、教学评估等方面体现出来。

---

① 张虹.健美操[M].北京:北京师范大学出版社,2008.

（二）教育能力

教育能力，就是教师在教育过程中为提高学生的思想、技术等方面所表现出的各方面的能力的总和。作为一名教师，他们的本职工作是教书育人，这也是他们义不容辞的职责。教师的教育能力要在知识和思想品德、强身健体方面都有所体现。教师在教育过程中，要抓住有利的时机，对教材内容的各种教育价值进行充分挖掘，并且将教学方法手段的教育价值的开发作为重点加以关注。

（三）训练能力

体育教师在从事健美操教学活动中，首先要做好教学活动，使学生能对健美操的基础知识有充分的了解和掌握，在此基础上，则需要在运动训练方面有一定的造诣。具体来说，其训练能力主要涉及三个方面。

第一，制订和实施训练计划的能力。

第二，科学选材、科学训练的能力。

第三，管理代表队和组织比赛的能力。

（四）运动能力

运动能力，就是在运动过程中所表现出的能力的综合。这也是体育教师应该具备的基本职业能力之一。从健美操教师的角度出发，所谓的运动能力，就是一种与教学、训练手段有机结合的一种特殊能力。一般的，健美操教师的运动能力在很多方面都有所体现，比如，对动作示范的熟练和规范性，对动作技术环节的把握，以及对错误动作的及时发现与合理纠错等。

（五）组织能力

健美操教师不仅要具备上述几个方面的能力，较好的组织能力也是他们不可或缺的重要职业能力。健美操教师的组织能力，主要是指教师在为社会做贡献的过程中积极应用自己的专业知识和技能。通常情况下,健美操教师的组织能力有两方面内容:一方面,是能正确运用队列队形组织开展"两操一课"活动的能力;另一方面,是能担任各种临场裁判工作,并且还能组织开展"达标"活动和中、小型运动会的能力。

(六)管理能力

对于健美操教师来说,尽管其管理能力没有其他几种职业能力表现得直观和显著,但这仍是其不可或缺的重要能力,往往会对学校健美操工作的成效产生决定性影响。因此,这就要求健美操教师一定要对管理学方面的基本知识加以学习和掌握,还有一些管理艺术也是必要的,只有将自身的管理能力不断提升,才有可能成为一名合格的健美操教师。通常,可以将管理场地、器材和管理学生的能力都归纳到学校健美操教师的管理能力的范畴中。

(七)科研和创新能力

教学过程,实际上也是科学研究的过程。对于教师来说,他们要完成教学活动,就离不开必要的科学研究,因此,科学研究能力也是教师应该具备的职业能力。

科研能力,能够作为重要标准,来对教师的理论水平、学术水平和业务能力进行衡量。一般的,如果教师有着较高的科研水平,那么其就能够将更多的科研成果应用到体育教学中,使教学内容得到丰富和充实,其在学生培养的质量方面也就更加理想。在健美操教学过程中进行科学研究,对教师业务、理论水平的提高起着积极的促进作用,同时,在教师接受新知识和信息、了解新动态等方面也有着积极的作用,有力保证了教学的新颖性、丰富性和新时代性特点。

(八)社会交往能力

新时代的教师,不仅要做好自己教书育人的本职工作,还要处理好人际关系。教师的人际关系,主要包括教师与其他教师、与学生、与学校领导、与相关部门领导之间的关系。教师通过与这些不同人群的沟通、交流,能够对自身的教学工作有更深层次的了解和认识,也有助于将教学的价值更加全面地发挥出来。

二、健美操教师应具备的教学指导能力

从上述内容中可以得知,健美操教师需要具备的职业能力是非常多的。这里,就重点对其教学指导能力加以分析。

(一)激发学生对健美操的兴趣

健美操教师要有目的、有计划地向学生传授健美操方面的相关知识,使学生能够对学习健美操的重要意义有所了解和认识,使他们激发出对健美操的兴趣和好奇心,从而能够更加积极地参与到健美操的教学活动中,与教师教学有机结合起来,从而取得理想的健美操教学效果。

(二)指导学生学习和掌握健美操基本知识和技术动作

健美操教师对学生的教学指导,最为直观的表现,就是对学生健美操基本理论知识和技术动作的教学指导。这也是学生最主要的学习内容。在健美操教学过程中,教师要先进行基本理论知识的教学,让学生对健美操有一个初步的了解和认识,然后再进行技术动作的教学,这部分可以采取理论与实践相结合的方法进行。让学生在理论指导下练习技术动作,在实践练习中巩固理论知识。

(三)指导学生灵活运用学习方法

教师教学活动的进行需要借助一定的教学方法,而学生学习同样也需要借助一定的学习方法。在掌握相关学习方法之后,还要将其运用于学习过程中,这样,才能够与所学知识结合起来,取

得理想的学习效果。对于健美操教学来说,教师要在教学过程中教会学生各种学习方法,然后积极指导其运用于实践中,从而取得理想的教学效果,也为学生自主学习奠定了良好的基础。

(四)尊重学生的个体差异

在健美操教学过程中,由于学生之间存在着或多或少的个体性差异,主要在性别、身体条件、体育基础、智力水平、元认知发展水平、学习动力水平和知识背景等方面,这也就导致他们在健美操的学习过程中的表现也会有所差别。这就要求健美操教师要对学生的个体差异加以重视,以学生各自的特点为依据,有针对性地进行相关知识学习和专业技能的指导,将学生们的优势充分发挥出来,尽可能做到扬长避短,帮助学生取得理想的学习效果。

(五)通过加强训练来提升学生的元认知能力和水平

在健美操教学过程中,教师要加强对学生学习过程元认知的指导。具体来说,就是要使学生的自我意识水平进一步提高,使其根据自身的具体情况机动灵活地将适合的学习计划制定出来,借助于合适的学习方法和途径,及时汲取各方面的知识营养,并且将学习成果反馈到健美操学习过程中,以此为依据来对学习计划、学习方法等进行及时调整和修正,从而更快、更高质量地达到学习目标。通过强化元认知能力的培养,能够使学生获取丰富的元认知知识和体验,提高健美操学习和运用水平,从而逐渐向自主性学习靠拢。

(六)强化健美操教师指导意识,提高指导能力

学生在教学过程中的会学,是在教师会教的前提下实现的,可以说,在健美操教学中,学生能力和水平的提高,需要教师的指导和帮助。为了提高学生的学习能力,健美操教师应具有较强的科学指导意识,学习和掌握有关健美操的知识,并能以教学的内容、方式和特点等为依据,因势利导对学生的学习进行科学指导。

同时,这也要求教师自身的指导能力要不断提升,更好地指导学生学习。

三、健美操教师应具备的竞赛活动组织能力

对于教师来说,学校为了更好地增强学生体质,丰富学生校园文化生活以及培养其坚强、拼搏和永不放弃的精神,往往会定期或者不定期地组织一些竞赛活动,这就需要教师具备一定的竞赛活动组织能力。对于健美操教师来说,也不例外。

一般来说,学校中采用的竞赛形式主要有:运动会、单项运动竞赛、邀请赛和友谊赛、季节性单项竞赛和体育节这几种。

(一)竞赛日程的安排

通常,年度体育竞赛日程计划包含的内容主要有本学年的竞赛项目、竞赛时间、竞赛地点、参赛单位、参赛人数和主办单位等,这是对全校一学年的体育竞赛活动所作的全面规划和安排。

需要强调的是,年度体育竞赛日程计划的制订不是随意为之的,而是需要由体育教研组以本校教育工作计划的安排和实际情况为主要依据,并与上级有关部门的竞赛安排和要求有机结合起来,与相关部门协商后制订完成的,然后呈报校长审批后执行。制定年度体育竞赛日程计划时,需要对其可行性、群众性、常规性、简便性等进行充分考量。

(二)竞赛的比赛方法

一般来说,学校体育竞赛往往会选择淘汰法、循环法、混合法和轮换法等几种比赛方法,每一种比赛方法都有其各自的特点。

1. 淘汰法

淘汰赛制(简称淘汰赛),是指所有参赛者按照排定的顺序进

行比赛,胜者进入下一轮,负者退出比赛,直至产生最后获胜者的竞赛办法。

通常情况下,可以将淘汰赛分为单淘汰、双淘汰和交叉淘汰这几种。

2. 循环法

循环赛制(简称循环赛),是指所有参赛者(队或人)相互之间轮流进行比赛,最后按照在循环比赛中得分的多少排定名次的竞赛方法。

一般的,可以将循环赛分为三种类型:一种是所有参赛者相互之间都轮流比赛一次,最后按其在同一循环比赛中得分的多少排定名次的单循环赛;一种是所有参加比赛者(队)在比赛中相互比赛两次,最后按各参赛者(队)的成绩排定名次的双循环赛;除此之外,还有分组循环赛和积分循环赛等。

3. 混合法和轮换法

混合法,就是在一次竞赛中,使淘汰法和循环法相结合而先后运用的竞赛方法。混合法不仅将淘汰赛和循环赛的优点综合了起来,使两者的不足得到了有效的弥补,而且对于比赛交流是非常有帮助的,能够使比赛胜负的偶然性得到尽可能的避免。

轮换法,就是在比赛中,将参赛者(队)分成若干小组,在同一时间内,不同小组的运动员分别进行不同项目的比赛,在比赛完一个项目后,各组依次轮换,再进行其他项目的比赛方法。

第四节　新时代健美操教师教学能力的培养与创新发展

健美操教学能力是以健美操技术教学为中心,带有综合性,表现为多种能力的协调活动。具体来说,其所包含的内容主要有：教学设计的能力、动作技术的演示能力、教学口头表述的能力、技能观察分析的能力、运用教法的能力、教案编写的能力、自学能力、创编能力等。下面就对其中较为主要的几种教学能力的培养加以分析和阐述。

一、健美操教师教学能力的培养

（一）健美操教师教学设计能力的培养

1. 健美操教师教学设计能力的基本理论

健美操教师教学活动的顺利进行，受很多因素的影响，教学设计就是其中之一，其也会对教学效果产生重要影响。教学设计实际上就是按照教学科学化、最优化的要求，对教学过程的各个方面做出合理的安排。

一般来说，教学设计的项目都包括教学目的、教学内容、教学过程和教学方法这几个方面内容。下面就从这些方面入手，来对相关的要求加以分析。

（1）教学目的要准确

在制定健美操教学目的时，一定要考虑到其与教学序列的匹配程度，明确什么样的教学内容安排在教学序列中的什么位置。与此同时，还要充分考虑到基本动作、组合动作和成套动作的特点与学生的实际，并且将这些内容纳入教学序列中去。健美操教材的主体一般放在技术动作上，是健美操知识、技能的综合体现，并为学生学习健美操课程提供范例。以健美操项目的教学特点和学生的实际为主要依据，将有条不紊的序列建立起来，落实任务，从而使教学的随意性和盲目性得到有效避免，增强其科学性，进而给健美操教学最优化创造基本条件。

（2）教学内容要合理

在对教学内容进行安排时，一定要做到主次有序，轻重有节，突出重点。究其原因,主要是由于健美操教学课时是非常有限的,否则就无法完成教学任务。要做到这一要求,一方面,要求健美操教师必须深入钻研教学内容,包括教学计划、教学大纲、教科书,从而明确教学任务,保证安排时能够有一定的灵活性;另一方面,要求教师对教学内容进行选择、组织、调整、安排。

(3)教学过程要系统

在教学问题的研究上,教学过程是非常重要的方面之一。为了使动作技能教学科学化、合理化,就需要对教学过程加以设计,使其具有显著的系统性特点。因此,这就要求健美操教师要以教学的主要任务为依据,确定健美操课的类型和结构。新授课、复习课、综合课和考核课这几种是比较常见的课型。教师要以各种课型的特点为依据,从实际出发,设计系统、合理的教学过程,为良好教学效果的取得创造条件。

(4)教学方法要有效

有效的教学方法是教师传递信息、提高教学效率的保证。教师选择教学方法时,要从以下几个方面着手。

第一,教学方法选用的指导思想有:采用启发式教学;必须服务于目的任务;必须注意教学的启发性。

第二,教学方法选择的标准:与教学的具体任务、教学内容的特点和学生的实际相适应;要对各种相关因素加以考虑,比如教学手段、教学环节、教师本身的具体条件、场地设备条件等。

第三,教学方法选择的程序:将标准确定下来;注意与教学的具体任务相结合,遵循最优选择的原则;将综合效用作为考量的重要因素,保证其多样性。

第四,教学方法选用要做到"教学有法,但无定法",教师要将自己的能动性和自己的特长充分发挥,进行创造性的实践。

2. 健美操教师教学设计能力的培养与发展

对健美操教师教学设计能力的培养途径,主要有以下几个方面。

（1）深入钻研教材内容

钻研教材内容是课堂教学设计的基本环节。钻研教材内容主要有以下步骤：第一，要对教材内容体系及特点加以了解，掌握全部内容，理清教学系列；第二，要将教学重点、难点和关键确定下来；第三，则要将处理方法确定下来，需要补充、调整、探讨的都是哪些方面，要做到心中有数。钻研教材内容在进入健美操教学课时就可进行初步训练，为教学设计打下基础。

（2）对健美操教学进行综合设计

综合设计，实际上就是对一次课的各个教学环节进行设计。设计的内容包括教学目的任务、教学重点、难点、课型、课的结构、教学方法、直观教具、器械配备及保护设施等。需要注意的是，为了获得最佳的设计效果，需要在进行综合设计前，让学生取得感性经验和理性认识，可以组织他们去教学观摩或看教学录像，分析教案或对优秀教师的课堂教学设计进行评析。

（3）采用的目标教学模式要对能力培养较为重视

学科教学目标的实现，是需要经历不同阶段的系列教学活动的。学科教学目标的实现应分三个阶段进行：第一阶段为基本知识技能掌握阶段；第二阶段为全面深入掌握知识技能，注重多方面培养阶段；第三阶段为知识技能及多方面能力的巩固提高阶段。

第一，"系统学习"模式类型，不仅能充分发挥出教师的主导作用，还能使学生对教材的学习能有充分的感知。一般的，通过对"系统学习"模型的分析得知，其适应范围是传授健美操基本知识技能的教学活动。

第二，"系列教学"模式的类型有很多种，较常见的有命令型、练习型、交流型、自我检查型、包容型、引导发现型、分散发现型以及独立创造型等。每一种类型都有其各自的特点和适用范围。将这些类型充分结合起来加以运用，能够有效培养健美操教师知识技能的全面掌握及多方面能力。

第三，"指导自学"模式类型，就是教师充分发挥其指引和导向作用，使学生能够自主参与到学习活动中去。在这一模式中，主导为学生自学,教师指导为前提,在教师指导下,学生通过自身努力使自己的知识技能及多方面能力得到巩固,得到提高是其主要特点。通过这一模式,能够有效巩固和提高健美操教师知识技能及多方面能力。

(4)对能力培养目标教学模式的操作方案加以重视

第一,有效完善教学文件。以教学计划为依据,在教学大纲中将教学目标具体化,同时还要保证其是明确的、注重能力培养的,将与教学目标相呼应的考核办法确定下来。

第二,分阶段进行目标教学。第一阶段采用"系统学习"模式类型,针对"使学生掌握健美操基本知识技能"的目标进行教学活动,主要通过教师的讲授,使学生能对健美操基本知识和基本技能有所掌握。健美操组合动作、健美操成套动作是这一教学阶段的主要内容。第二阶段采用"系列教学"模式中的几种模式类型,针对"注重对学生进行多方面能力培养"的目标进行教学活动。这一阶段的健美操教学内容是安排学生进行教学实习、学生自己创编组合和规定动作的队形创编。第三阶段则采用"指导自学"模式类型,针对"巩固提高学生知识技能,进一步发展他们的多方面能力"的目标进行教学活动。在这一阶段可以让学生自学教材内容,编写教案,进行课堂教学,学生的自学能力和教学能力在这一阶段得到充分提高。

(二)健美操教师教学直观演示能力的培养

1. 健美操教学直观演示的基本要求

(1)将直观演示的目的性明确下来

健美操教学在直观性的基础上,要明确其目的,不论具体动作被感性知觉接受程度如何,都要达到一定的肌肉运动表象,同时,在动作技能和技巧的形成速度上也要进一步加快。所以,这就要求在实际动作直观演示法时,应从它的目的性出发,必须把直观性建立在能为学生直接感知的具体与抽象形象之上。

（2）讲究直观演示的科学性

直观演示的科学性，主要从以下三个方面得到体现。

第一，示范动作的正确优美性。之所以要保证这一方面的特点，主要是由于示范动作能够为学生模仿练习提供必要的蓝本，这是学生借以形成动作映像的重要来源。

第二，整体示范和分解示范有机结合。直观教学中，不同的示范方式所起的作用是不同的。比如，整体示范能够帮助学生了解完整动作的一般特征，使学生掌握整体动作；分解示范则主要是为学生明察动作的细节特点提供相应的帮助。将两者有机结合起来，不仅能够扩大学生的注意范围和知觉广度，还能有效建立清晰而较完整的动作映像。

第三，示范与讲解相结合。在示范与讲解过程中，感知之所以会在精确度和理解性上有所提升，与这两种信号系统的协调活动的加强不无关系。要注意的是，示范与讲解相结合的形式是多种多样的，具体要以教学目的、任务、内容和学生已有经验为依据，将其灵活结合起来并加以运用。

2. 健美操教师教学直观演示的培养与发展

对健美操教师教学直观演示的培养和锻炼，主要从以下三个方面入手进行。

（1）动作绘画能力的培养

动作绘画基本功的形成并不是短时间内迅速实现的，是需要经过很长一段时间才逐渐形成的。学生在专业学习期间要利用课外时间，结合教材内容进行绘画练习，有条件的可以通过健美操绘图课程进行系统训练。平时应布置课堂作业，要求学生联系学习内容，进行绘画练习。在进行动作绘画能力的培养时，要注意多从动作的基本线条画起，为绘画技能奠定良好的基础。对学生的绘画作业练习，要加强督促，认真批阅，并对练习结果及时做出评价。

（2）动作示范能力的培养

提高学生正确、优美、独立地完成动作的能力，是培养动作示范能力的主要目的所在。通常可以借助以下途径获取。

第一，组织学生观看即将学习的成套健美操和各国健美操竞赛与表演的录像，使学生对即将学习的内容和健美操发展潮流有一个初步的印象。

第二，学习并强化健美操基本动作的练习。

第三，反复练习成套动作，并尽力使学生完成得正确、熟练、优美。

第四，组织相互观察、相互评比。

第五，组织分组轮换表演。

第六，一个或几个同学在队前带领练习。

（3）配合讲解演示能力的培养

使学生能够恰当地安排演示中的内容、程序和时机的同时，复述动作名称、术语。教师提出问题，让学生在示范中讲述完成动作的要领、要求和注意事项，并根据教学进度和课程的任务，让学生评议完成情况，是配合讲解演示的主要目的所在。

（三）健美操教师教学口头表达能力的培养

1. 健美操教学口头表达能力的基本理论

健美操教师通常会借助口头讲解的方法和手段来完成传授知识、技能的教学行为。一个教师教学能力的高低，往往可以通过口头表达能力的高低加以衡量。对健美操动作技术来说，教师的口头表达对学生学习讲解技能是一种示范，意义特殊。因此，健美操教学中要以能力为依据来对教学口头表达能力加强培养和锻炼。

需要注意的是，在健美操教学中，教学口头表达不仅必须符合一般口语的规范外，还应遵循以下要求。

（1）要准确、明白、生动地表达

准确：指语言符合现代汉语规范。

明白：教学口语的明白，主要指讲解动作要领要深入浅出。

生动：指语言讲解富有表现力，能引人入胜。

准确、明白、生动，这三者应该统一，首先力求准确，在准确的基础上再进一步求明白、生动。

（2）要对教学节奏进行适度调节

口头讲解的随意程度不能太高，要有一定的节奏感，教师说话的快慢、停顿要与学生的练习活动协调一致，保证练习强度、密度大小适宜，错落有序。教师讲解动作要领时，要让学生边听、边练、边思考，充分理解语意。遇教学重点、难点，语速应稍慢，顾及学生领会的效果；一般的提示语速可略快。除此之外，还要注意讲解的音频、语调要适宜。

（3）教学语言要具有启发性

教师在进行动作技能教学过程中，具体就是要求借助启发性、鼓励性的语言，充分调动起学生思考和学习的积极性，使他们在掌握动作技能中开动脑筋独立地去获取知识。一般来说，启发性的讲解应符合以下要求：第一，要从学生实际出发；第二，讲解要"少而精"；第三，讲解要引发学生的学习兴趣。

2. 健美操教学口头表达能力的培养与发展

一般的，健美操教学口头表达能力的培养和锻炼形式主要有以下几种。

（1）"讲、练"中提问能力的培养

语言口头表达的形式有很多种，提问是其中之一。在健美操教学的讲、练过程中，适当的课堂提问，是有助于训练和培养巩固学生所学的知识、技能以及学生口头表达能力的一种行之有效的方法。要使提问有利于健美操教学口头表达能力的锻炼，教师要通过各种方式和途径来做到"课课练，人人讲"，要把提问列入备课计划，作为教学活动的一个基本环节，贯穿始终。一般来说，健美操教学课堂提问所采用的方式主要有巩固性提问、强化性提问、检查性提问这三种,每一种形式都有其各自的特点和要求,健美操教师要分别锻炼并加以运用。

(2)部分试教能力的培养

在平时课堂提问的基础上,到了学生的学习结业阶段,让学生试教教学课某一部分,一般是试教课的准备部分。这一部分具有时间相对较短,教学难度不宜太大,而对学生的教学基本能力方面要求较多的显著特点。在试教前,教师应先安排好试教的主要内容和顺序,提前写教案,做好准备,提高试教能力。

(四)健美操教师教学技术观察能力的培养

1. 健美操教师教学技术观察能力的基本理论

观察,就是教师在健美操教学中对学生的表现所产生的一种知觉。由此可以推断出,所谓的技术观察,就是对动作技术所进行的综合分析。

技术观察方法是健美操教学研究中十分重要的认识方法。它是学习健美操知识和技能的一条捷径,也是检查健美操教学方法的实践基础。因此,重视技术观察能力,是健美操课中不容忽视的一项基本任务,也是教师应该注重的重要能力。

健美操动作技术的观察,一个是在教学或训练中对动作示范和学生练习动作的技术观察;另一个是通过挂图、影视、模具或参加表演、比赛,对健美操技术进行观察。在健美操教学过程中,最常运用的就是课堂上对动作示范或学生练习动作的技术观察。但是需要注意的是,这种技术观察要符合三个重要条件:一个是观察的位置要正确;一个是观察要有针对性;还有一个是观察要配合讲解。

2. 健美操技术观察能力的培养与锻炼

进行技术观察能力的培养与锻炼,实际上就是要学会如何观察。一般来说,所采用的方法主要有以下几种。

(1)整体观察法

整体观察是伴随示范动作完整形象,从建立动作的完整概念出发,去感知动作的全过程。整体观察法往往会在动作概念形成的最初阶段加以运用,这对于视觉表象的完整性来说意义重大。

(2)分解观察法

分解观察就是在遵循分解练习法原则的基础上,对分解部分的技术进行有意观察。分解观察法的运用,是按照教学任务的转移,由完整动作转向动作的分解。

(3)对比观察法

在直观教学中,通过对比观察提出和解决技术性问题,能够进一步促进教师积极思考,使其对动作概念的理解程度进一步加深,同时,在分析和鉴别的能力方面也能起到积极的锻炼作用。所以,通常会用对比的方式边讲边观察来实现启发式教学。

(五)健美操教师教学教案编写能力的培养

1. 健美操教师教学教案编写能力的基本理论

健美操教师书面表达能力的高低与上好课有着密切的关系。具体来说,健美操教学的书面表达主要指教案文字的表达形式。这种表达形式有一定的特点和要求,要想熟练掌握,就必须经过一定的培养和锻炼。

健美操教师在编写教案时,为了保证教案的实用效果,需要满足以下几个方面的要求。

(1)教案的编写要有明确的目的性

一节课要达到什么教学目的,就是所谓的目的性,这是写教案之前首先必须明确的。如果教学目的不明确,教材内容的处理,课堂的结构等都会失去依据。大纲的要求、教材的内容和学生的实际,都会在很大程度上决定教案的目的性。只有认真研究这三个方面，才能恰当地确定教学目的。

（2）教案的编写要有系统的计划性

教案，也就是所谓的课时计划。教案的计划性有着非常重要的地位和作用，其不仅与教案本身的质量有密切关系，还会对课堂教学的质量产生重要影响。教学内容、教学过程的安排、教学方法的选择和现代化教学手段的配合运用，以及各教学环节时间分配等，都应完整有序，这就是所谓的计划性。如果教材内容丰富，需要重复课时多，那就更要注意教案的计划性。

（3）教案的编写要有显著的科学性

这里所说的科学性，在运动负荷的安排、图解的图形绘制，以及文字表达方面都有所体现。需要强调的是，在保证教案的科学性上，首先应要求学生做到准确地掌握教材内容，不能一知半解；其次，所要叙述的动作概念要确切。除此之外，教案的语言必须简明通顺，条理清楚，书写正确、工整。

2. 健美操教案编写能力的培养与锻炼

（1）教案基本写法

要着重练习教案编写的内容和一般格式，并能用准确简明的文字、图表反映教学设计的成果。通常来说，这种训练往往与教学的单项设计、综合设计一道进行，要求将有关的设计，按教案编写的基本要求转化为文字。不管是教学目的、教学过程，还是讲练内容、教学手段的运用，都要做到分行书写，条理井然，纲目分明、规范。

（2）讲究教案中的"特写"

在健美操教学中编写教案时，对动作的技术要点、主要教学手段、重点课业练习，都要设法用方案加以"特写"，使教案清晰、醒目，便于进行课前预习。常用的特写方法有：放大字体或变换字形；②用符号作标记；③用彩色笔做标记；④用图解指示动作的方向、路线;⑤在正文旁边做简要批注①。

(3)教案编写要注重实用性

在健美操教学中进行教案的编写时,着眼点应放在:教案内容的和谐,编写的统一,能圆满地达到教学目的;表述简要清楚,便于施教。一般来说,教案书写的形式是以一般书面表达为基础的,同时需有较强的教学书面表达能力。因此,这就要求教师应在平时加强一般文字的书写练习。

上述几种健美操教学的基本技能之间并不是各自独立的,而是相互联系的,在健美操教学过程中,对每一种能力的训练,都要统筹兼顾,灵活安排。

二、健美操教师信息化教学能力的培养与发展

(一)健美操教师信息化教学能力的概念与内涵解析

1. 健美操教师信息化教学能力的概念

信息化教学,就是教师和学生这两个学习主体在现代信息技术条件下,通过对各种现代教育媒体、教育信息资源和方法的利用所进行的一系列的双边教学活动。

某种程度上来说,信息化教学能力是教师从事信息化教学时所展现的综合能力。

2. 健美操教师信息化教学能力的内涵

从实质上来说,健美操教师信息化教学能力是教师在真实的教学情境中,运用现代化信息资源、方法与手段将学科知识转化成对学生有效获得的健美操知识结构体起到促进作用,其不仅是多种信息化教学能力的共生存在,同时更是这些信息化教学能力

---

① 王京琼. 健美操教学与训练[M]. 长沙:中南大学出版社,2008.

彼此浸染与交融所转化而成的独特整体,这就将其融合性特征充分体现了出来。

(二)提升健美操教师信息化教学能力的主要路径

1. 有效增强健美操教师的创新意识

作为健美操信息化教学实施者,健美操教师信息化教学能力的提升,对各方面创新能力的要求也是比较高的,主要涉及文化、技术、科技、方法等方面,因为这会对其相关工作的开展产生重要影响。某种程度上来说,健美操教师信息化教学能力的创新,实际上就是形式、内容、功能和体验等方面要素相互作用、共同创新所得到的结果。健美操教师通过教学活动中各个方面的创新,将音乐、图片、视频等教学的相关因素通过信息工具和信息平台传达给学生,将学生参与健美操学习的积极性、主动性、自主性、合作性等充分体现出来,将教学从课内延伸至课外,培养学生自主管理与自主服务的意识,进而对学生健美操技能的形成起到积极的促进作用。

2. 进一步促进健美操教师的知识更新

在国家"十三五"规划的推动下,网络化、信息化发展速度进一步加快,这也进一步提高了对健美操教师教育信息化教学能力提升的要求。对于健美操教师来说,信息化教学能力观念和信息化教学能力的知识都需要不断进行充实和更新。要达到这一要求,可以从以下途径进行。

第一,教师集中、分散和外出学习、进修等。

第二,由单位组织在编、在岗高校教师进行专业性强的、有针对性的信息化教学能力的培训。

第三,网络和自学等形式。

3. 将健美操教师的主导作用充分发挥出来

作为健美操教学活动的主体之一,健美操教师也积极参与到健美操教学信息化活动中。对于健美操教师来说,其信息化教学能力的提升对健美操教学信息化发展起到关键性的作用。

当前,高校健美操教育活动中已经广泛应用了多种多样的信息技术,健美操教师要充分发挥其主导性,运用其自身信息化教学设计、运用和监控等几个方面的能力,准确把握住教学活动的主线,在此基础上,将教学前期准备、教学中期实施与教学后期反馈评价三个必要环节紧紧围绕教学内容这一中心,来对健美操教学活动有序且有效的实施进行积极引领。

第五章　新时代健美操训练人才——教练员的培养与发展研究

任何竞技运动的发展和繁荣,都离不开运动员的刻苦训练,在训练过程中,还有一个不可或缺的重要因素,就是教练员。没有教练员的指导,运动员训练的科学性、系统性、有效性等都不可能得到保证,有时还会出现不必要的损伤,更不用说取得理想的训练效果了。教练员在新时代健美操的发展中的作用是不可替代的。因此,健美操发展对教练员的要求也会非常高。本章主要对健美操教练员的基本素质、职业技能以及其执教能力的影响因素和培养与发展等进行分析和阐述,从而为健美操的科学训练提供必要的支持和保障。

第一节　健美操教练员的基本素质

在现代竞技运动中,不管是日常训练还是重大比赛,教练员的决策正确与否,都会对训练成效或比赛的胜负产生直接甚至决定性的影响。这在中国女排、NBA、乒乓球运动中都有着非常显著的体现。因此,提高教练员的决策水平是非常重要且必要的,但是,对于教练员来说,基本素质是其必须具备的重要基础和前提。具体来说,主要包括以下几个方面。

一、理论知识的掌握与运用

(一)理论知识的掌握

教练员决策活动的进行,与其渊博的知识这一重要基石是有着密不可分的联系的。教练员要顺利实施战略战术方案,就必须对包括天时、地利、人和等历史背景在内的周围的特定环境进行熟练了解和掌握,并且将问题关键和它们之间的相互关系弄清楚。

当前,竞技体育运动水平不断提升,再加上科学技术的助推,对教练员的要求也越来越高,尤其是基础的理论知识方面。究其原因,主要是由于只有具备非常丰富的理论知识,才能够成全决策者的足智多谋。决策活动中的想象力与创造力并不是凭空产生的,而是在雄厚的知识基础上产生并提升的。一般的,知识掌握的情况越好,教练员作出的决策所达到的最佳化目标程度就愈高。教练员的决策能力主要受制于其理论知识掌握情况。具体来说,其所包含的内容主要有以下几个方面。

(1)科学文化知识。主要是指多学科的基础知识,这也是一个人理论知识的基础性知识,是最基本的。一般的,一个人的知识面越广,见解越深,对问题的分析越透彻,采纳的解决方法和措施就会更加合理,最终取得的成效也会更加理想。

(2)本专业知识。这是一个人理论知识中的主体部分,具有较强的专业性知识,能够使瞎指挥的情况得到有效避免,保证决策的正确性、科学性。

(3)决策专业知识。教练员决策的方式方法、程序、组织通常会受到这一类型专业知识的影响。

总体上来说,如果教练员能够具备完善的知识结构并将各种理论知识综合运用起来,那么,有才能的运动员要想获得理想的优异成绩是非常容易的。这不仅是教练员决策能力至关重要的基础,同时也是教练员必须具备的基本素质之一,教练员在执教过程中要对此加以重视,切不可只重视实践应用能力,而忽略了最基本的知识基础。

(二)理论知识的运用

在实践过程中进行理论知识的运用是理论知识掌握的主要目的。而理论知识能否灵活运用,与聪颖的智慧之间是有着不可分开的联系的。智慧是教练员在感知、记忆、想象与思维等方面的能力,其发展并不是一蹴而就的,而是在掌握知识、运用知识的过程中发展起来的,其也会在一定程度上影响着教练员的决策能力。

优越的感知,有利于教练员细致观察场上的情况,并对此加以分析,充分了解和掌握局势发展细微变化特点,并快速精确地作出判断,大胆、谨慎地付诸决策行动,以此来达到教练员的既定目的、目标和任务。

教练员所了解和掌握的信息是需要进行有效存储的,因此,良好的记忆是其必须具备的重要素质,这对于素材全面而准确的收集,自己头脑的充实等都是有所助益的。对于教练员来说,丰富的想象和思维能力,对切合实际的创新活动的开展是非常有帮助的。

二、稳定的情绪

情绪在竞技运动训练和比赛中起着至关重要的作用。由于比赛的性质、规模、环境、成绩等都存在着不同,教练员的心理状态也是一直处于变化之中,基本可以分为两种:一种是对比赛起促进作用的积极情绪,一种是破坏正常比赛状态的消极情绪。某种程度上讲,情绪之所以会有相应的反应与变化,主要是由于教练员自身情况等方面产生的影响。一般的,比赛场上的各种不良情绪和状态都会使教练员本身的神经能量大大减少,导致其指挥能力减弱,同时,这也会使运动员的精神压力加大,对于比赛取胜是非常不利的。

教练员稳定的情绪在整个决策过程中起到的重要作用是不可替代的,甚至会对比赛的最终结果产生决定性影响。因此,要想成为一名优秀的教练员,必须严格控制自己的情绪,不管比赛状况是好是坏,都要清醒地观察比赛动向,精确指挥,从容调度,临危不乱,用自身的情绪稳定运动员。

三、良好的应变能力

所谓应变能力,就是能够针对创造活动中变化的情绪,借助于有利因素来对事态的变化进行有效应对和控制的能力。可以说,应变能力实际上就是一种思维升华到高层次的创新活动。

竞技比赛中的决策者的思想和行为,会对比赛的结果产生决定性影响。一般的,优秀或者聪明的决策者会通过环境的变换来使大脑获得休息和调节,暂时把问题放下。这样做,不仅会有豁然开朗的感觉,还有可能因为某个人的某句话或者某个举动而带来新的灵感,这对于比赛的顺利进行和执教都是非常有帮助的。因此,具备良好的应变能力是教练员的必备素质之一,要进行重点培养。

四、坚强的意志品质

坚强的意志,是指主体自觉地确定目标,并支配和调节其行动,以实现预定的目标[①]。决策活动本身就是一种意志行为。因此,意志在决策活动中的地位可见一斑。可以说,坚定的意志是决策活动的条件,同时,也是理想成绩取得的保障。

体育竞技方面的决策,与一般的决策相比是有所差别的,其

---

① 王海光. 谈体育教练员的基本素质[J]. 好家长,2017(30):233.

在复杂性、特殊性方面的程度要更高一些。对于优秀的教练员来说,坚强的意志是必须具备的重要素养之一。竞技场上的激烈竞争,对运动员的意志品质的考验是非常强烈的,可以说,最终决策目标的实现以及比赛的胜利,都必须在坚强的意志和果断勇敢、自制顽强的品质下才有可能实现。两强相遇勇者胜。这里所说的勇者,就拥有这种坚强的意志品质,否则是不可能达到预定目标的。

综合分析得知,教练员的决策能力受到多方面因素的影响和制约,主要包括知识、经验、情绪、意志品质和应变能力等方面。因此,在培养和提升其决策能力时,要从这些方面入手,勤于实践,加强训练。

第二节　健美操教练员应具备的职业技能

一、知识能力

(一)基础理论知识

对于健美操教练员来说,专业的基础理论知识是其所必须储备的。健美操教练员能够借助于专业基础理论知识来完成运动员的选材、训练、培养工作,以及发现与解决训练中忽视的各种问题,同时,还能使赛前的心理焦躁、赛中的心理紧张、赛后的心理恢复等方面得到一定的帮助和调整。可以说,健美操教练员科学训练运动员、合理安排训练量等都需要在专业基础理论知识的指导下来进行。可以说,只有具备扎实牢固的基础理论知识,才能够使训练高效率高质量地完成,并且能够取得优异的成绩。

健美操教练员需要掌握的基础理论知识包含的内容非常丰富,所适合的情况也各不相同。比如,在进行运动员的选拔时,需要有一定的运动选材学的基础理论做指导。在运动员的训练和培养过程中,为了能够对运动员的潜力开发和挖掘情况有总体的了解和把握,需要一定的相关知识做指导,比如运动训练学、教练员学、体育概论等,让运动员对"正确的教学训练方法才是取得成功的关键"有更加深刻的体会;在训练过程中,教练员会通过对人体解剖学、人体机能实验学等相关知识的讲解,来使运动员对人体的基本构造有基本的了解,同时,还使运动员能够对怎样在不受伤的情况下利用力学原理完成高质量的动作有所掌握;训练中,各种技战术问题也是经常需要面对的,这时候,就要求教练员首先要将问题在哪出现的要弄清楚,然后通过语言表达和实际行动来加以证实,并且对运动员技战术的运用加以指导;同时,教练员还要为运动员克服比赛中的各种不良心理反应提供相应的帮助,从而使他们更好地融入到比赛中,发挥出应有的专业水平,取得理想的成绩。

(二)专项基础能力

健美操教练员的专项基础能力,与基础理论知识都处于重要的基础地位,有着非常重要的基石地位。具体来说,健美操教练员的专项基础能力主要包括以下几项内容。

1. 音乐鉴赏能力

健美操运动是在音乐伴奏下完成的一套有艺术性、观赏性、娱乐性的运动项目。通过各种不同音乐风格的交相辉映,将运动员或轻或柔、或劲或力、行云流水、激情澎湃的动作充分表现了出来,并且能够让大家对朝气蓬勃、欣欣向荣的情感有所体验和感受。作为健美操运动的灵魂,音乐有着不可替代的重要地位和作用,因此,对于健美操的创编来说,音乐的选择至关重要。首先,要保证选择的音乐必须适合,然后教练员要按照音乐的特点等来编排动作,使整套动作的基调和风格与音乐相一致。

2. 动作理解能力

健美操套路,实际上就是很多基本的动作按照一定的要求和规律进行的多次叠加,以此来充分体现出音乐的内涵,其中,也会有一些舞蹈化的动作,如此一来,健美操运动的内容得到丰富,观赏性也大大提升。要注意的是,为了保证最终效果,教练员在使用这些有特点的动作时一定要对这种舞种或者这项运动的精髓有充分的了解,在使用这些内容时,首先要保证它们保持原有特色,在此基础上,再将其与健美操结合起来,将其内在风格淋漓尽致地表现出来,从而给裁判员和观众以美的享受和视觉冲击。

3. 动作编排能力

当前,健美操成套动作的编排发展得越来越好,发展趋势也逐渐表现为新颖、独特、个性化。健美操运动的艺术性往往体现在动作的编排和组合上,因此,健美操教练员的编排能力必须非常强,在优美流畅和符合技术与规则的前提下,也要大大提升视觉反差性和观赏性。对于健美操运动员来说,他们的整体水平相差无几,在这样的情况下,对教练员编排技术的要求就更高了,同时还要做到尽可能地扬长避短,在赛场 2 分钟不到的时间里给人眼前一亮的感觉。

4. 美的鉴赏能力

健美操教练员对美的发现能力,是必须具备的基本素质和条件,只有具备这一能力,才能够进一步培养欣赏美的能力,从而在日常生活中由心而发地去找到可以感动自己的东西,并将其应用于健美操中。健美操运动,能够通过其中的动作和音乐来将积极、朝气、对生活、对自己都充满自信的景象体现出来。健美操本身就是一门艺术,体现健、力、美是其宗旨所在。因此,这就要求健美操教练员必须有出色的感受美和观赏美的能力。

二、创新能力

发展是不断向前的,落后就意味着倒退,势必会被超越;要想发展,就必须不断创新,时刻走在趋势的最前端。创新发展与墨守成规永远是相悖的,因为只有突破墨守成规,才能够创新,才能够从新的经验中汲取养料,不断地充实自己、发展自己,最后形成有自己特征的东西。

健美操运动的发展,离不开健美操教练员的创新意识、创新精神、创新能力。健美操运动的规则经过一定的修改和完善之后,对教练员的编排能力的要求更高了,要求创编的角度、位置、层次等都要保证多样性。教练员要对自己运动员的特点进行全面深入的了解之后,有针对性地尽可能地挖掘出他们的特色,通过动作的力感、音乐的动感、服装的美感、个人与集体相结合,充分发挥出其自身的创编魅力。由于教练员所创编的每一套套路的音乐都是不同的,因此,其灵魂上都具有独特的特点,其中,也都蕴含着裁判员强烈的主观意识,因此,要将吸引力、观赏性作为重要参考依据进行创编。

三、管理能力

健美操教练员的职责不仅仅局限于带领运动员训练,还会在平时的生活中有所体现,比如,要对运动员的学习情况、心理状态、人际交往等都有所关注。训练与学习并不是相悖的关系,而是相辅相成、相互促进的关系。只有在训练过程中不断学习,才能使运动员的综合素质得到全面的发展和提升,这就要求教练员在训练当中一定要对学生多加关注,使他们有一个乐观向上的心态。对于运动员来说,训练只是他们需要从事工作内容的一部分,除此之外,他们要涉及很多其他的东西,比如,科学文化的学习以及思想品德的修养等。作为运动员发展的指导者,教练员要在关注其平时训练的同时,对其比赛也要加以关注,不管怎样,都不能将运动员心理状态的改变忽视掉。训练本身就是一件很枯燥艰辛的事情,并且持续的时间非常长,在这一漫长的过程中,运动员总会遇到不同的问题,这就需要教练员的耐心开导,从而使他们保持良好的心态,并且保持良好的训练积极性,也保证他们在比赛过程中始终保持最佳竞赛状态。

教练员在运动员的整个职业生涯中所起到的作用无时无刻不在体现,比如,运动员在训练中遇到不顺利,在赛场上遇到不如意,教练员都会在最快的时间做出最快的反应,来对运动员的状态进行及时调整,使其能够尽可能克服不良情绪,以饱满的热情积极投身到运动训练或者比赛中。人际交往对于运动员也是非常重要的,这也是教练员需要关注的重要方面。健美操是团体赛,一个团体要将个体的能力充分激发并集中起来,是必须在严肃的队风队纪的约束下才能实现的,而和谐的队员关系也能将健美操教练员的管理能力体现出来。

四、信息关注能力

现今,信息发展速度飞快,互联网的应用使我们可以第一时间知道最新的前沿资讯,我们需要的信息也在不断的反馈、反复中传播发展,对于健美操运动也是如此。健美操教练员综合素质水平主要取决于基础知识、专业知识、管理能力,在信息方面也一样,谁对前沿的信息资料掌握的时间早、掌握的数量多,谁创造出理想成绩的速度就更快,也会更好地取得领先的地位。所以,健美操教练员必须具备非常敏锐的洞察力,其对健美操运动的动向、走向和发展趋势要有准确的预测和掌握,从而为日后有目的的训练进行科学指导,也为优异成绩的取得创造良好条件。

五、持之以恒的信心和爱心

健美操教练员在对运动员进行关注和指导之前,首先要对自己的事业、运动员充满信心和爱心。我国健美操运动起步较晚，很多教练员在指导运动员训练比赛方面的经验还不太丰富，大部分是从体操、艺术体操转到健美操这项运动的，可以说困难重重。但是经过多年的不懈努力，健美操运动有了长足的发展，教练员的经验也日趋丰富和成熟。健美操教练员要对每一个运动员都非常重视，并且要保持着一定成才的信念，坚定信念，鞭策自己，全身心投入到工作中去。由于运动员在身体素质、心理状态等方面有一定的个体性特点，这就需要教练员充分认识到，运动员要想成才，就必须在时间和经验上有所积累，运动员在职业生涯中会遇到很多困难，也会产生一些错误的观念，但是，这些都不是结束其职业生涯的决定性因素，这就要求教练员对每一个运动员都满怀信心，爱心，使运动员能够在不断的呵护中走向成功。要让运动员有这样的感受：训练不是一件单调而辛苦的事情。通过一个温馨大家庭氛围的营造，来为其顺利成长创造良好的环境。

第三节　影响健美操教练员执教
能力的因素分析

　　健美操教练员的执教能力水平如何，会对运动员的训练水平和比赛成绩产生直接甚至决定性的影响。因此，在了解了健美操教练员应该具备的职业技能之后，还要将影响教练员执教能力的主观和客观因素找出来。这样，对于从根本上保证执教水平，提高传授技术的能力是十分有利的。

　　影响健美操教练员执教能力的因素有很多，比如常见的有性别、年龄、学历、职称、运动经历、运动等级、裁判员等级、执教年限、培训次数等[①]。下面就对其中的一些重要方面加以详细分析。

---

　　①　汪振华,李娟.影响高校健美操教练员执教能力的因素分析[J].北京印刷学院学报,2018,26(01):166-168.

一、客观因素

影响健美操教练员执教能力的客观因素,主要是指年龄和性别两个方面。但是,这两个因素是客观存在的,且是不可逆的因素,因此,这里就不对其进行深入的阐述,而重点对其他的主观因素加以分析和研究。

二、文化素质因素

对于教练员来说,知识水平的高低会对其执教能力产生一定的影响。可以说,教练员知识水平如何,能够在一定程度上将其自身素质、领导能力以及应激能力都充分反映出来。这些素质和能力也为其综合能力的培养和提升奠定了坚实基础。

现如今,科学技术发展的速度越来越快,并广泛应用于各个领域,因此,随着社会的不断发展,需要应用的科学技术也必须是创新的,那么技术创新就成为一种必然,而这一目标的实现,是需要一定的文化知识以及科学训练理论方法、科学训练手段等作为重要基础的。

一般的,对教练员来说,文化素养、体育专业知识、熟练的技能以及相邻学科的基本理论知识是必须具备的重要素质。一个优秀的教练员,体育训练专业知识和相邻的基础理论知识都是不可缺少的重要素养。这里所说的专业知识,主要包含健美操知识和技术以及健美操的训练及其创编。除此之外,运动训练学、运动生理学、心理学知识等也是健美操教练员需要掌握的重要知识。这就要求教练员必须不断学习,不断提高自己,从而更好地将健美操运动这项伟大而又神圣的工作真正担负起来。

三、训练能力因素

对于运动员来说,其训练和比赛离不开教练员的指导,因此,就要求教练员也要具备较高的训练能力。可以说,教练员的训练能力是运动员最根本的训练保障。

对于所有的竞技运动训练来说,一个好的教练员所采用的方法、手段是非常重要的,这能对教练员的执教能力产生直接的影响。好的教练员在训练的积累下逐步改善自己的训练方法,并根据健美操的发展,对动作与训练方案加以改进,从而有效提升自身的执教能力水平,为健美操的发展作出应有的贡献。

教练员必须掌握与自己专业运动相关的知识,同时,增进和提高运动成绩的各种方法也是需要引起关注的重要方面。只有教练员所采用的方法与健美操的专项技术要求相符,才能够取得应有的训练效果。同时,教练员还必须通晓正确动作的连贯性,并且善于组织自己的语言把动作讲得清晰容易理解,从而使运动员所掌握的动作是正确的。

人体生理结构的形态和生物力学原理、心理学、解剖学、生理学等与训练相关学科的知识也是健美操教练员需要掌握的重要知识。鉴于健美操项目发展的需要,为了取得最佳的训练效果,需要将训练负荷确定下来,而在此之前,则需要先将训练数量和时间确定下来。

目前,健美操教练员在组织实施训练的能力方面是有所欠缺的。比如,在训练计划中,教练员没有高度重视运动员起始状态诊断,训练反馈指标也没有根据训练的不断推进而相应地加以改进,仍然采用之前的主观指标和外部指标,也没有提升训练的综合程度和科学化程度,训练的宏观控制能力不高,还亟须进一步加强等。

四、其他外界因素

除了上述几个方面的因素外,还有其他一些外界的因素,比如,经济因素、人与人和人与自然的关系等。

从经济学的角度上来说,经济基础是任何事物发展的根本前提,对于健美操教练员来说,健美操的发展也是需要一定的经济基础的,因此,经济基础也是教练员生存的基础与动力。加强经济财富投入能够为健美操训练提供更好的条件和环境,这也能对教练员的训练意识和训练激情的激发起到直接的刺激作用,同时,也能进一步对教练员的执教水平产生一定影响,进而使教练员全身心地投入到健美操的训练之中。

从社会共生学的角度分析,所谓人与人之间的互补性,实际上就是人与人之间对彼此优势的依赖,个人的存在与其他人的存在之间是相互依赖、彼此相依的,人与组织或者说人与自然的关系中也体现出了互助性的特点。

第四节　新时代健美操教练员执教能力的培养与创新发展

一、新时代健美操教练员执教能力分析

目前,健美操运动水平已经达到了较高的水平,这就对教练员能力有了更高的要求,也使教练员的工作任务更加繁重。健美操教练员要将自身掌握的人体科学知识和管理学、心理学等多方面的知识与实践有机结合在一起,再加上饱满的工作热情和奉献精神,转化为自己的执教能力。不同的教练员所具备的能力不同,在具体实施过程中取得的执教效果也会有所差别。下面就对新时代健美操教练员主要的执教能力进行分析。

（一）学习能力分析

学习是所有人都要具备的重要能力,只有不断学习,才能不断充实自己,使自己进步。对于健美操教练员来说,其是需要通过不断的学习来达到更新知识结构、发展新的执教理念、改善执

教行为的目的,同时这也是其自我完善,提升自身能力的途径。

对于健美操教练员来说,单单掌握专项理论知识是远远不够的,还要对相关学科的知识进行学习和汲取,从而更好地服务于自身执教水平的发展,进一步完善自己的知识结构。除此之外,还要将知识的价值最大化,最终形成一套具有自己风格的训练理论体系。

一般的,健美操教练员的学习能力所包含的内容主要有以下几个方面。

1. 学习专项理论知识与训练方法的能力

学习专项理论知识与训练方法的能力是健美操教练员的众多学习能力中居于首要位置的。在长期的健美操训练实践过程中,教练员已经在经验方面有了一定的积累,那么也就具备了健美操专项理论知识的储备能力,具备了从专业角度感知健美操项目的能力,也正是因为如此,便能更好地把握专项制胜规律,也善于将专项理论知识运用到训练的实践中。可以说,健美操训练的走向和效果在很大程度上取决于教练员的知识结构。

2. 学习相关学科理论知识与训练的能力

在教练员成熟成长的阶段中,对知识的掌握要在横向和纵向上都有所体现,换言之,就是既要有深度,也要有广度。教练员在执教阶段要对专项理论的知识进行熟练掌握,同时还要积极学习运动训练学、运动生理学、心理学、营养学、管理学的相关知识,并且在运动员的训练过程中,充分应用这些知识来对产生的相关问题进行针对性解答,从而使健美操训练实践发挥出应有的作用和价值。

3. 把握项目特点及发展方向的能力

项目的运动规律能够将项目特点反映出来。因此,在研究专项规律时,要求教练员学习和掌握哲学方面的基本知识,这样,就能借助于唯物辩证法,来了解项目特点,在此过程中,还能有效培养和提升自己的抽象思维和辩证思维的能力。

同时,清醒的头脑和敏锐的眼光也是教练员应该具备的重要素质,这样才能更加准确地把握难度动作技术发展的潮流,在学习规则、研究规则、掌握规则的基础上,更加充分、合理地对规则加以利用,以此来优化和突出自己的显著优势。

4. 收集一手信息、资料的能力

收集一手信息、资料的能力在学习能力中也是非常重要的。如果所获取的信息是最新的,那么,这对于创新思维的拓展是有所助益的。教练员可以借助多种方式和途径来将最新消息收集起来,比如互联网、与同行交流、参加教练员培训班、参加比赛、读书等。俗话说:"知己知彼,百战不殆。"如果教练员在比赛之前就已经对竞争对手的实力有充分的了解和分析,并且经过深入研究提出了有效的应对措施,有的放矢,那么就会在比赛中占据主动权,这对于运动员优势的发挥是有帮助的,也能为比赛的胜利创造良好的条件。除此之外,通过参加各种重大赛事,也能够从中发现对手的变化,从而收集相关信息、资料,来对运动员进行进一步的指导和调整,有针对性地进行攻关。

5. 艺术修养与鉴赏的能力

艺术修养与鉴赏的能力在教练员学习能力中的地位也是比较重要的。关于艺术修养的含义,香港体育艺术学者刘仲严先生的解释为"是对于各种艺术形态的认知、分析、判断、情意与创作,这些艺术形态包含设计美感的人类活动及其产品"以及"个人对于艺术的解析、判断与表现能力的综合体"[1]。

艺术修养与鉴赏能力的提升并不是一蹴而就的,而是需要经过一定的流程的。首先,要熟练掌握专门的艺术知识,同时也不

---

① 李梓. 我国体育院校竞技健美操代表队教练员执教能力的研究[D]. 北京:北京体育大学,2014.

能忽视相关的历史背景知识；其次，要将对美的发现、感受、创造的能力，即审美能力有效提升起来；最后，要有对艺术作品的理解、鉴别、判断和评价的能力。除此之外，教练员还要对运动员对艺术及其欣赏学习进行积极的引导，使其在这方面的能力得到侧重培养和提升。

6. 科研能力

科研能力相对于其他几种能力来说，并不是非常重要。某种程度上来说，科研能力是由多种能力构成的综合体。随着健美操规则的不断更新，竞技健美操技术的科学化程度越来越高，因此，对教练员的综合素质提出了更高的要求，要求其对最新的研究成果加以分析和研究，并且在训练方法与手段上同步更新，充分掌握先进技术，通过思路上的创新来从发展的角度解决新难题，从而最大限度地发挥出运动员的主观能动性。

7. 外语能力

外语能力在整个学习能力中排名靠后，但也并不是一点都不重要，也是需要的。当前的教练员外语能力普遍较弱。尽管教练员的执教能力并不是取决于其外语能力的强弱，但外语是与国际接轨、学习国际先进技术、获取最新信息的重要手段，教练员在平时也要多加学习和练习。

(二)教学训练能力分析

所谓的教学训练能力，就是教练员对运动项目有深刻的认识，并且组织运动员参与到教学和训练活动中，在这一过程中充分发挥出其指导作用的能力。教练员需要具备的能力是多方面的，而教学训练能力则是教练员的核心能力之一，意义重大，其地位仅次于学习能力，是教练员必须具备的重要能力。具体来说，其主要包含以下几个方面。

1. 动作示范与讲解能力

健美操的技术训练是其训练的主要内容和重点,要高质量完成竞技健美操的技术动作训练这一任务,就要求教练员首先要具有掌握准确、先进的技术动作示范能力,这对于运动员技术动作的掌握和动作技能的形成都有着积极的帮助作用,同时,这对于教练员自身良好形象的树立,自身威信的提高也是有所助益的。

另外,教练员在健美操运动训练过程中运用良好的语言表达能力,能够使动作的难点与重点条理清晰,运动员能够对此有全面且深入的了解与认识。

因此,这就要求教练员必须具有出色的动作示范能力和讲解能力,这对于健美操运动训练的顺利进行和最终训练效果的取得有着重要影响。

2. 纠正错误动作的能力

动作技能的形成经历了泛化阶段后,就会进入分化阶段。运动员经过不断地练习,技术细节逐渐为其所发现,这时候对错误动作的纠正也就成为一个重点。在健美操学习过程中,运动员所学到的技术动作并不都是正确且准确的,这就需要其对自己的错误进行系统的检查,并在练习时,根据教练员的指导作出适当的调整。此时,大脑皮层的活动由泛化阶段进入了分化阶段。

对于教练员来说,纠正错误动作的能力在众多教学训练能力中居于首要位置,可见其重要性,其主要在技术精细化程度上得到体现。教练员要非常仔细地处理训练的各个环节,并且反复练习被纠正的动作定型,这样才能保证技术的正确性、稳定性、熟练性。

3. 运用训练方法和手段的能力

任何项目竞技运动水平的提升,都必须经过科学系统的运动训练才能实现,而运动训练理想效果的取得,与采取的运动训练方法是有着密不可分的联系的。运动训练方法在训练过程中是不可或缺的重要方面,因此,参与训练活动的教练员和运动员都必须对该方面的知识充分掌握并能灵活应用,其具有显著的双边性特点。教练员需要明确,不同训练方法的特点和功能也是不同的,这样不仅有助于运动训练过程的顺利进行,也能使不同时期的训练任务得以完成,同时,对于运动员竞技能力的发展也会起到积极的促进作用。优秀的教练员,往往能够从客观上调整既定的训练计划或者方案,然后根据自身所积累的经验,不断更新和改进采用的训练方法和手段,时刻保证所取得的训练效果是最为理想的。由于运动员在个体方面的差异性,教练员在采用训练方法和手段时,要遵循区别对待原则,依据训练对象的层次和水平的不同,有针对性地选择和适用相应的训练方法和手段来安排不同的训练内容。

运用训练方法和手段的能力在健美操教练员的教学训练能力中的地位仅次于纠正错误动作的能力。教练员在训练中用到的训练方法有很多,常见的有分解完整训练法、重复训练法和间歇训练法等。具体要根据竞技健美操项目特点及氧代谢的特点、训练外部条件等的不同来灵活多样地运用训练方法和手段,从而充分调动起运动员训练的积极性、参与性、兴奋性,保证理想的训练效果。

4. 对运动员体能的诊断与训练能力

运动员的体能对其运动水平有着非常重要的影响,良好的体能是运动水平发展和提升的重要基础和前提。体能主要包括身体形态、身体机能与运动素质这几方面内容。体能训练突出对人体各器官和机能系统的超负荷适应训练,这样能够使体能和心理适应能力都得到有效锻炼和提升,对于运动员机能潜力的挖掘,运动员整体运动能力的提高和顽强拼搏精神的培养都是有所裨益的。

教练员对运动员体能的诊断与训练能力在教练员的教学训

练能力中居于中等地位。由此可见,教练员采用的体能训练方法还比较传统,在对运动员的整体运动能力、适应长时间与高强度的抗疲劳能力的训练上有所欠缺,如此一来,一些健美操运动员的体能水平就会受到影响,在比赛中,运动员会因为动作技术与肌肉耐力明显下降而导致完成的质量有明显下降,表现力也有所下降,这就会对其运动水平的提升产生不利影响。鉴于此,教练员在训练过程中一定要对竞技健美操体能训练引起重视,并且根据所制定的训练计划的要求,将基础、专项以及综合体能训练的内容加入其中,从而保证运动员良好的体能基础。

5. 对运动员技能的诊断与训练能力

对于竞技健美操运动员来说,运动员竞技能力水平直接取决于技术能力,并且起着重要的主导作用。教练员在训练运动员的专项技能之前,首先要对他们的技能进行全面且深入的了解,并且结合运动员的个体特点,有针对性和目的性地因材施教,在保持特长技术的同时,大力提高薄弱技术,保证技术的全面性和高质量。操化动作、难度动作、过渡连接及托举配合动作,都属于竞技健美操技能训练的范畴。

6. 训练运动员艺术表现力的能力

表现力在健美操中是非常重要的内容,也是裁判员评分的一个重要标准。健美操竞赛规则中对表现力的规定为:运动员要将身体能力和感染力自然地表现出来,能够借助于其自身的体能、技术、个性、动作等方式和途径来拉近与观众之间的距离,使其自信与欢乐的情绪能够对观众有所感染。表现力在成套动作的每一个环节中都有所体现,其价值的发挥载体为技术动作和难度动作。

对于健美操运动员来说,其艺术表现力往往是通过后天的培养与训练,经过一个长期系统的培养过程而实现的。某种意义上,运动员艺术表现力水平的高低与其自身成套动作的信心如何有着非常密切的关系,高规格、高质量的动作能使运动员表现力的表达在无形中得到提升。鉴于此,教练员就需要在增强艺术表现力的基础上,加大表情训练的力度,将运动员的表现欲充分激发出来。同时还要通过各种方式和途径,使运动员对艺术的欣赏、表现、评价等个人艺术素质得到锻炼和提升,从而使其艺术表现力水平有显著提升。

7. 诊断与训练运动员心理素质的能力

运动员在赛场上发挥的好与坏,取决于其专项技术水平,但在专项技术水平相差无几的情况下,起到决定性影响的就是心理素质的好坏了。竞技健美操教练员对运动员心理抗压能力和承受能力的锻炼,主要通过模拟比赛练习来实现,如此能够有效调节运动员的紧张心理,使其心理状态的良好稳定性得到有效保持。另外,运动员竞赛时自主调节心理的能力也会有所提升;这就保证了其在比赛中正常或超常地将技术水平发挥出来。

同时,教练员在对运动员进行心理方面的训练时,还要积极帮助队员对自身的优势加以分析和了解,并有意识地将长处放大,将自身的潜能尽可能地挖掘出来,让运动员体会到成就感。除此之外,教练员还要对运动员做好积极的引导作用,在取得胜利时,进行积极鼓励,但同时也要指出其存在的问题,使其不骄不躁、再接再厉;在比赛失利时,则要耐心开导运动员,分析其表现出的优势,明确今后奋斗的方向,为其加油打气,使其重拾信心。

8. 判断与处理运动员训练负荷的能力

对于不同的运动员来说,由于其个性特点上的差异性,教练员在对其进行训练时,采取的训练负荷就不能一刀切,而是要区别对待。同样的,适合这个运动员的训练负荷,对于另一个运动员就不一定适合。因此,为了保证运动员训练的良好效果,教练员必须要科学合理地统筹安排,不能照搬训练模式。

一般的,比赛的时间和比赛的重要性程度会对健美操运动员所需要进行的专项训练的具体安排产生决定性的影响。因此,运动员专项训练的具体安排也成为教练员要高度重视的重要方面,同时,还要在实训中有效落实,采取科学、合理的训练负荷、时间、方法和手段等,保证训练的安全性和有效性。

9. 运用恢复手段的能力

与训练负荷一样,恢复措施也是非常重要的,不可忽视,也不能只在发生疲劳之后才加以重视。目前,教练员往往会在课后的整理活动中使运动员得到有效放松,而这是通过队员之间互相放松的手段实现的,很少应用理疗手段、营养恢复及心理恢复手段。

(三)管理能力分析

运动训练的管理系统是由两部分组成的,即管理者和被管理者。管理者充分了解运动训练的客观规律并严格遵循,通过相关手段和方法的运用,来有效改善效果,从而保证训练工作目标的实现,计划、组织、控制、协调运动训练系统的综合活动过程,就是运动训练管理。运动训练管理是在运动队的各种管理人员对运动员的管理活动的基础上进行的,其中心环节是教练员对运动员的管理活动,其中所体现出来的就是我们所说的教练员的管理能力。

教练员有着较高的管理水平,采用一套立竿见影的管理方法,往往就能对运动员训练、比赛水平的提高起到积极的促进作用。具体来说,教练员的管理能力主要包括以下几个方面。

1. 制定与实施管理制度的能力

教练员在实施管理时,首先要掌握运动员的个性特点,遵循区别对待和针对性原则。具体来说,教练员在实施管理时,要将给运动员的任务、目标要求明确下来,将技术水平提高的程度和比赛成绩的指标、思想教育的奋斗目标等制定下来,并且以此为依据,制定出切实可行的工作计划并加以实施。同时,还要制定相关方面的规章制度,让运动员能够根据既定目标,将自身的能力充分发挥出来,做到行有规范,评有标准,赏罚分明,提高责任感,使他们的进取意识有所增强。

2. 制订与实施训练计划的能力

从相关调查中发现,所有的教练员制订的训练计划中都有阶段训练计划,其中也通常会包含周计划和课计划,由此可见,周计划与课计划是作为组织训练活动的基本组织模式而存在的。运动员之间的专项水平并不是统一的,或多或少都会有所差别,且每年有新运动员加入,有老运动员毕业,训练周期较短,最长为四年,所以教练员在实际训练过程中,多年计划和年度计划的制定就非常少,这在健美操运动训练上是需要改进和完善的。除此之外,还有一部分教练员在制订训练计划时,没有明确规定或者要求训练方法、手段和负荷的具体性,也忽视了对负荷后的恢复控制。

3. 制定与执行参赛方案的能力

如果一个教练员有着非常丰富的经验,那么其往往会在赛前准备中尽可能周密地将训练计划制订出来,因为赛前训练安排的得当与否会直接影响到比赛的最终结果。与此同时,为了使训练计划更加客观、有可操作性,教练员会积极收集最新的相关情报和资料,主要包括竞赛对手的能力、成绩等。除此之外,还要对运动员的特点有充分的了解,并以此为依据,结合对手的优势和不足,在技术、专项素质和心理上需要弥补的薄弱环节做科学合理的训练安排,从而使训练计划所实现的效果最佳化。

4. 运动员的教育与培养能力

教练员与运动员朝夕相处,因此,教练员平日的言谈举止,会潜移默化地影响到运动员的心理状态和行为。所以,教练员一定要在言行上加以注意,注重自身的形象,并且将自己的榜样作用充分发挥出来。同时,高度的敬业精神和很强的责任心也是教练员必须具备的重要素养。教练员也要高度重视育人教育理念,帮助运动员树立正确的人生观和价值观,动之以情,晓之以理,导之以行。除此之外,运动员的自尊心、强烈的进取心和积极的态度也是需要培养的重要方面,由此能使运动员在遇到困难和挫折时,做到不畏惧、不放弃,坚持到最后,这在比赛中往往会起到决定胜负的关键作用。

5. 建立良好队风的能力

运动员是运动队的组成部分之一,运动员的成长与良好的队风是分不开的,而一个代表队良好队风的形成并不是一朝一夕就能实现的,这个过程是非常漫长的,因此就要求教练员和运动员共同努力,作出自己的贡献。良好的队风与凝聚力是非常有助于运动员集体观念与意识增强的,同时,还能够使运动员在参与各类活动时,通过相互间的支持和沟通,增进感情,也能有效提升其参与代表队事务的积极性,保证整个队伍行动上的高度一致性。实践发现,高凝聚力对运动员有着积极的影响,不仅对其紧张情绪的降低有所帮助,还能够有效提高士气,使其逐渐培养起积极进取、顽强拼搏的精神。

6. 公正并区别对待运动员的能力

由于大部分的运动员都是年轻人,他们存在着心理较为敏感的显著特点,教练员的日常行为往往会在很多小的细节上影响到运动员,这就要求教练员一定要充分了解、认识运动员,关注个体差异,同时,还要注意自己的言谈举止。教练员在日常的训练中应在给予每名运动员成功的期待方面做到公平合理,尽可能地发现运动员的闪光点和优秀方面,并给予积极的鼓励。

7. 果断的决策能力

对于健美操的训练以及比赛来说,最终结果如何,往往会在一定程度上取决于教练员的决策是否正确、果断、科学。在健美操的训练和比赛中,很多时候都需要教练员及时作出选择与反应,这往往是一瞬间的事,因为既定的计划无法应对一些无法预测到的局面的出现,因此,教练员的瞬间决策能力就显得尤为重要。健美操教练员要从思维方式上入手,将其一直以来的封闭性和趋同性打破,在思考能力的培养上要保证其多维性。将思路理清楚,速度上要有所加快,从而大大缩短作出决策的时间。

8. 化解矛盾的能力

教练员所带领的运动员有几个甚至十几个,这就要求教练员不仅要做好专业技术的训练工作,还要具有良好的处理运动员之间、运动员与其他工作人员之间等的矛盾,以此来保证代表队训练工作的正常进行。因此,化解矛盾的能力也是不可或缺的。

(四)参赛指挥能力分析

竞技运动的目的主要是通过运动员不断的训练来参与比赛,并在比赛中取得理想成绩。在比赛过程中,竞争双方的较量、比赛环境都是时刻发生着变化的,这就会使比赛发生一些预想不到的变化,为了保证最后的比赛结果的理想化,就需要教练员将其重要的参赛指挥能力充分发挥出来。具体来说,教练员的参赛指挥能力主要包括以下几个方面内容。

1. 赛前状态诊断与目标建立能力

对运动员的比赛状态进行重点培养,积极准备比赛,是赛前状态诊断与目标建立能力的主要目的所在。对此,教练员首先要做的就是了解比赛中主要对手及竞赛环境的各方面情况,使运动员做到心中有数;其次,要借助生理学、心理学和训练学三个标准来准确诊断运动员的现实情况,这也是关键所在。

2. 赛前训练内容的组织与安排能力

对于竞技运动来说,所有的训练都是为了能够在比赛中将运动员的综合技术和能力发挥出来,并最终取得最佳的比赛成绩。其中,关键就在于围绕比赛进行训练准备,通常,该训练所采用的训练方法为模拟比赛法训练,通过对赛场气氛及比赛中运动员应具备的生理、心理能力的模拟和训练,使运动员能够尽可能做好有针对性的适应训练,从而使其在赛场上遇到突发事件能够沉着处理,使顺利进行比赛得到保证。

3. 调动运动员参赛情绪和状态能力

在重大比赛之前,教练员都会适时、合理地通过激励手段的运用,来将运动员积极的参赛情绪充分调动起来,使运动员的兴奋性得到有效保持。由于运动员心理素质不同,一些运动员在自信心、比赛状态等方面都或多或少会出现一些不良的情况,这时候,教练员对运动员情绪的有效控制和调节,对运动员情绪进行控制和调节各种方法的熟练掌握,帮助运动员克服不良情绪等方面的能力就显得尤为重要,从而使运动员能够在比赛中有稳定的发挥。

4. 临场指挥比赛与应变的能力

临场指挥比赛与应变的能力,是观众在观看比赛过程中,能够最直观地看到和感受到的教练员的重要能力之一。临场指挥能力能够将教练员的阅历和经验充分体现出来,这是新手教练员所不具备的重要素质和能力。在比赛中,教练员的思维清晰、反应敏捷、迅速作出合理的应变措施,往往会对比赛的走向产生重要影响,这也成为比赛获胜的重要决定性因素之一。教练员是运动员的“主心骨”,如果其在赛场上对自己情绪的控制不力,安排、调度上拖泥带水,那么运动员的情绪和激情就会受到非常大的影响,甚至会导致比赛失利。因此,教练员一定要重视临场指挥比赛与应变能力的培养与发展。

5. 比赛总结与评价能力

教练员要在赛中充分发挥其指导作用,赛后的总结也不能忽视。无论取得了多么辉煌的成绩,他们应始终引导运动员保持清醒的头脑,不能抱着过去的成绩不放手,更要发现比赛中存在的问题,并且明确原因,为下一次的比赛和更理想的成绩做准备。一名优秀的竞技健美操教练员,不管是面对比赛的胜利还是比赛的失利,都要做到宠辱不惊,客观、辩证地看待得失,及时总结经验,对项目制胜的基本规律进行更深层次的探索。

6. 赛后恢复与训练能力

运动员在经过紧张、激烈的比赛之后,身心都处于高度紧张状态。在比赛结束后,教练员需要借助合理的恢复方法和手段,帮助运动员更快、更好地缓解身体和精神上的疲劳,使其机体活力恢复的速度加快。

(五)创新能力分析

创新是健美操发展的主流,追求动作、编排和艺术上的创新是健美操发展的一个重要趋势。对于教练员来说,要不断思变,有自己的思路,勇于超越常规,跳出固定的模式,更好地运用现代化手段,把握机遇,才能更好地创新,并带动运动员取得理想的成绩。具体来说,健美操教练员的创新能力主要包括的内容有以下几方面。

1. 借鉴其他项目训练方法的能力

不同项目的特点是不同的,但也不乏一些共性的东西,对于运动训练来说,要将统一训练与区别对待结合起来进行。一般的,教练员会通过参与学习班、研讨会,与其他教练员共同学习与进步,从而使自身的科学训练水平、文化素质和业务水平以及思想都有所提升,从而获得新的灵感。对于健美操来说,教练员可以借鉴体操、艺术体操、技巧等难美类项群项目的训练方法,间接性地创造出更多新的东西,促进健美操的进一步发展。

2. 音乐选择与制作的创新能力

竞技健美操教练基本上都具有独立使用音乐制作软件进行音乐的剪接与制作，并选择多种曲风的音乐来配合动作的编排能力。音乐在健美操中的作用非常显著，是健美操的灵魂，因此，教练员在选择和制作音乐时，一定要注意与各项目特点之间的匹配程度，并且要保证所起到的作用的积极的。竞技健美操当下的创编需求，一定要以运动员的特点及想要表达的内涵为依据，所选择的音乐必须是有节奏感、乐段清晰，剪辑与合成良好的、流畅自然、完整统一的，当然，也必须得是原创的。

3. 成套动作编排的创新能力

在当前的健美操发展过程中，对成套动作的编排，往往都是由教练员独自完成的，也有一些是教练员和运动员共同合作完成的，这是最理想的方法，有利于运动员创编能力的提升。健美操的成套动作创编具有显著的新颖化、个性化特点，动作的独创性和艺术性也越来越突出。这就要求教练员必须有敏感的神经，从旁人熟视无睹的现象中捕捉到创作的灵感，并且将其应用于健美操的动作创编中去，从而获得理想的创编效果，使成套动作更加饱满，富有观赏性。

4. 主题风格的创新能力

一套成功的竞技健美操成套动作的内涵，往往能够从其独特的风格形式、合理的动作连接、相得益彰的音乐配合上得到综合体现。教练员在进行创编时，要严格遵循规则的具体要求，同时与运动员技术方面的特点以及优劣势相结合，将套路的大体框架构建起来，通过不断的调整和填充，使其合理性得到保证，从而最终使完整的成套动作得以形成。竞技健美操成套动作的艺术魅力主要通过主题风格反映出来，这是其灵魂所在。教练员培养和提升自身的创新主题风格的能力至关重要。

5. 训练方法与手段的创新能力

在运动训练中,教练员要想创新,就应该从思想、方法、技术等方面入手,并且将所创新的各个方面应用到训练实践中去,但是不管怎样都要明确的是,创新并不是单纯的发明,更不是对之前理论与实践成果的彻底推翻,而是需要持续时间较长的训练计划来加以指导,对于优秀的教练员来说,就应该放弃之前得到的成功,与现实情况相结合,对既定的训练计划进行适当调整,以期能达到最佳的实践效果。从目前对健美操教练员在训练方法与手段方面的创新调查发现,经常创新的只有一少部分,大部分是偶尔创新或者从未创新的,导致这一现状的原因主要是教练员没有找到训练规律和项目致胜的规律,没有做到脚踏实地,在总的数量上还远远不够,拼搏精神的顽强程度也不够等。

6. 技术动作与难度动作的创新能力

一般的,健美操教练员往往会借助移植同项群中新的动作类型、发展复合难度、增加转体的度数等途径来发展和训练技术动作。难度动作的创新,往往在单个难度动作中体现出来。复杂、多样的难度组合会得到更高的难度分值。需要强调的是,教练员在编排时,为了保证整套动作显得饱满,并且增加难度,要对成功率相对高的难度动作前、后设计一些较复杂的过渡连接动作。

7. 比赛服装设计的创新能力

从相关调查中发现,关于比赛服装的选择与设计方面,女教练员要优于男教练。健美操服有着非常强的视觉冲击效果,因此,在设计健美操服装时,一定要将新颖性和艺术性充分体现出来,同时,还要注意色彩和图案的搭配,一定要将成套动作想要表达的主题和意境体现出来。

8. 对健美操新技术、新难度的预见能力

"预则立,不预则废",教练员的预测能力也是不接或缺的,而这主要是从细致的观察中得来的。具体来说,教练员要以竞技健美操规则为导向,深入探究项目发展的方向,并对其作出科学的分析和判断,使自己能够一直处于新技术发展的潮流中。

（六）人际交往能力分析

教练员的人际关系主要是指其与运动员、教练员同行、上级管理人员、裁判员、家长及媒体的关系上。教练员的人际交往能力,就是对这些人际关系的处理能力。具体来说,教练员的人际交往能力主要包括以下几个方面。

1. 与运动员沟通交流的能力

在健美操的训练过程中,教练员要将信息准确传达给运动员,由此,其与运动员之间的沟通交流便产生了。沟通有两种:一种是教练员与运动员对对方的信息理解得很透彻的有效沟通,一种是教练员不能完整表达想传达的意图或传达的信息前后不一致使运动员迷惑的无效沟通。两种沟通的结果是大相径庭的。因此,这就要求教练员一定要和运动员保持良好的沟通,这样才能增进运动员的存在感和满足感,使运动员与教练员融为一体,共同为训练和比赛努力。

2. 与其他教练员沟通交流的能力

教练员之间也是需要经常沟通和交流的。相互观摩、借鉴,相互交流经验,弥补存在的不足,是整个健美操运动发展的重要推动力。闭门造车永远都"走不出去"。通过与其他教练员经常性地进行沟通和交流,使思想上有所触动,不断碰撞出火花,产生灵感,使大家都能够取得进步,及时学习其他教练员在执教方面突出的优秀能力,完善自我,努力提高自身执教能力,才是创新与发展的正确途径。

3. 与裁判员沟通交流的能力

裁判员对健美操运动员场上表现的评判,实际上是主观与客观、定性与定量评价相结合的结果。因此,运动员成绩的取得并不是一个简单的结果,而是很多因素综合影响、相互作用的最终结果,裁判评分就是其中因素之一。鉴于此,健美操教练员要加强与专业领域裁判员的交流与沟通,使裁判员在代表队方面建立良好的印象,这也在某种程度上为代表队创造了良好的条件。

4. 与上级管理人员沟通交流的能力

一般的,上级管理人员即领导的主要职责主要体现在代表队经费与人员投入、训练环境、参赛支持等方面,因此,代表队要想在这些方面得到保障,就必须具备良好的与上级管理人员及领导沟通交流的能力,否则,缺少了上级有关部门领导的重视和支持,是无法称为一支优秀的运动队伍的,更不要说发展壮大了。因此,教练员要积极主动地寻求和创造更多的机会来使运动员的未来发展得到良好的结果,运动队要积极参加比赛、表演、志愿活动等,以此来使自身的知名度得到有效提升,影响力也有所扩大,这也在一定程度上为健美操的发展与拓展创造了良好的机会与条件。

5. 与运动员家长沟通交流的能力

教练员要经常与运动员家长做好沟通,搞好与家长的关系,这对于消除误解、统一认识、得到家长对训练的认同与支持是非常有利的,从而能为提高运动员训练的效果提供强大的助推力。

6. 与媒体沟通交流的能力

信息的传播与交流是需要通过移动的媒介实现的,这里所说的媒介就是媒体。对于教练员来说,了解并掌握相应的新闻知识、新闻技巧以及应对媒体发言的规律是非常重要且必要的,因为这对给运动队树立良好的对外形象,扩大影响力是至关重要的。因此,培养教练员与媒体沟通交流的能力是非常重要且必要的。

二、培养和提升健美操教练员执教能力的对策

(一)培养并树立良好的执教理念

良好的执教理念,对于教练员执教能力的培养和提升起到重要的引导和推进作用。所谓的执教理念,就是教练员在执教过程中建立的理念,很多不同体育项目的教练员,都是以其独特的执教理念来促使其提高执教能力,达到良好的执教效果的。

教练员这项工作本身具有着显著的特殊性与挑战性,这主要从其中蕴含的困难决策和道德难题以及缺乏良好的理念上得到体现。

(二)培养跨越常规式发展创新的能力

创新,是一切发展的源头。没有创新,发展就无从谈起。因此,对于健美操来说,没有创新,健美操就会与国际发展脱轨,就无法将其优势发挥出来,甚至无法生存下去。

目前,健美操的发展所遵循的训练指导思想为:"难中求稳、稳中求美、美中求新",即勇于创新,善于创新。所谓的创新能力,就是在常规发展的基础上,进一步跨越的结果,将其应用于健美操运动训练中,就要求教练员不仅要对平时训练竞赛的细节性东西善于发现,还要将所发现的事物和规律进行不断的总结,大胆提出设想,从中将新事物、新方法提出来,以新的刺激形式来对运动员的训练进行激化,同时在训练、管理等方面也适当调整,从而最终成为创新性的健美操教练员人才,为健美操的更好发展作出自己的应有贡献。

(三)加强科学训练及科研能力的发展

当前,竞技运动水平已经接近人类极限,要想有更进一步的提升,是非常困难的。像之前简单地依靠系统训练方法是无法取得理想成绩的,因此,就要求依靠科技的进步,不断有新的突破,

才能达到进一步提升运动水平的目的。

在实际训练的过程中,科研往往是被忽视的,更不用说其应有作用的发挥了。从相关调查中发现,体育科研方面的设备与人员是比较少的,而从事健美操方面科研的更是少之又少,这也在一定程度上制约了健美操的发展。鉴于此,就要求教练员首先要取得相关部门的重视与支持,然后,要将监控机制和选材机制建立起来,对运动员的情况加以详细了解,并对选材的运动员进行重点培养,还要定期或者不定期地按照不同的阶段来对运动员的机能状况加以测验,以反馈的监控结果为依据来对训练方案进行调整,将运动员的训练过程记录下来,这就为以后更好地把握训练情况提供了支持。

(四)增强健美操运动队的参赛能力

训练与竞赛,是相辅相成的。训练是为了竞赛,竞赛能够对运动训练成效起到有效的检测作用,是竞技体育工作的最后环节。以赛代训,对于运动员训练成绩的提高是非常有帮助的。教练员要以运动员的个体特点为依据,对运动员适合参加的比赛科学地选择出来,从而能够使运动员在竞赛过程中有效提高自身运动水平,将其潜力尽可能地挖掘出来。在对运动员参与比赛的安排上,教练员要控制好量。运动员参赛的次数不能太多,也不能太少,否则都无法达到理想的以赛促练的效果,更有可能挫伤运动员的自信心。

竞赛不仅对于运动员有着非凡的意义,对于教练员来说,也是一种考验和锤炼,由此,能够逐步积累指挥大赛的经验,通过参赛学会更好地指挥比赛。在竞赛现场,教练员能够更加直观地了解和感受对手的特点,对运动员在各种情况下遇到的困难有所认识,通过找到应对这些困难的办法,对在各种情况下的应对能力进行重点培养。在大赛的成功中总结经验,在大赛的挫折中吸取教训。

（五）将内部培养与外部聘用结合起来

当前，健美操教练员中，大部分都不是从健美操专业中来的，也没有经过系统的培训和训练，都或多或少地存在着缺乏经验、技术水平仍待提高的问题。由于学训矛盾对在运动员阶段达到健将及以上的教练员产生非常大的影响，致使其普遍存在着理论水平缺乏、执教经验不足的情况。因此，这就要求相关部门，要加大对健美操运动队发展的重视，加大教练员的内部培养工作力度。但是同时，也要有针对性和目的性地组织外聘优秀的教练员人才，选择有经验的竞技健美操教练员来对代表队的训练工作进行指导，制定相应的队伍培养方案，从而为运动队加速提高训练、管理水平提供一定的帮助。如果条件允许，也可以采取聘请外籍教练来执教的途径来使健美操运动队的运动水平和竞争力得到进一步的提升。

第六章　新时代健美操健身指导人才
——指导员的培养与发展研究

　　随着全民健身的不断开展与普及,健身已经成为人们生活中非常重要的一个方面。由于人们对健身的了解和认识还不够深入,一些误解往往会出现,如认为日常劳动、做家务也是健身;同时,人们对健身项目的选择也是比较盲目的,这就会导致人们参与健身的积极性和兴趣下降,盲目参与不适合自己的健身项目,还会导致运动损伤甚至健康损害等,因此,对健身进行科学有效的指导是非常重要且必要的。由此,体育指导员便成为一项新兴职业。健美操作为一项典型的健身项目,也离不开指导员的参与。本章主要对新时代健美操健身指导员的基本状况、基本素质、职业技能以及指导能力的培养与发展进行全面、深入的剖析和研究,从而为人们参与到健美操健身活动中提供科学的指导和帮助。

第一节　当前健美操指导员的状况分析

一、健美操指导员队伍的结构状况

(一)性别与年龄结构

　　相关调查发现,健美操指导员队伍在性别上的比例是基本合理的,男性与女性指导员的比重各占一半左右。健美操的发展趋势,从整体上来看,健美操练习内容上表现出了多样化和个性化的特点,人们所选择的健身项目不仅仅是少量的传统有氧健美操项目,还包括一些男性喜欢的健身项目,比如常见的街舞、搏击操、动感单车等。除此之外,人们的思想观念也发生了一定的转变,健美操的良好发展也对男性指导员提出了更大的需求。因此,加强男性健美操指导员的培养是健美操发展和社会体育发展的必然要求。

当前健身健美操指导员的年龄结构上呈现出的趋势为年轻化,其中,中坚力量为 20—39 岁年龄段的指导员,占到总数的四分之三左右。这一年龄段的健美操指导员的专业技术精湛,富有激情与活力,对最前沿的健美操专业知识有非常熟练的掌握,能够使健美操爱好者"求新、求趣、求知、求动"的心理需求得到更好的满足。

目前这样的健美操指导员的年龄结构以及其所具有的显著特点,对于健美操健身指导员队伍的整体优化是非常有利的,同时,对于发展健美操健身市场也有着积极的影响。但是不可忽视的是,当前的健美操健身指导员的整体数量偏少,需要进一步培养相关人才,从而进一步推广和发展健美操健身活动。

（二）职业结构

相关调查发现,健美操指导员中,有三成是体育院校在校学生或毕业生,有两成是高等体育院校的体育教师。这些人都接受过系统的体育专业教育,所学的内容往往是全面、系统且与时俱进的,对丰富的体育知识和技能有熟练的掌握,并且还能根据各种健身项目和不同的健身人群提供科学、合理的安全指导。除此之外,他们往往有着充沛的精力和体力,并且已经逐渐发展成为壮大健美操指导员的有效资源和巨大财富,这也在一定程度上推动了健美操健身市场的发展。

（三）从业年限结构

通常能够借助从业时间的长短这一标尺,来衡量健美操指导员指导经验。调查发现,健美操指导员从业年限在 1～2 年的占总人数的近一半;在 3～4 年的占近三成,具备 5 年以上从业年限的健美操指导员占到四分之一。由此可见,目前健美操指导员队伍的从业年限存在着普遍偏短的问题。

（四）学历结构

一个人的知识水平,往往是通过学历来进行衡量的,同时,学历也在一定程度上反映出了其接受新鲜事物的潜在能力。从调查中发现,健美操指导员队伍的学历层次总体很高,其中,有十分之一的健美操指导员具有研究生学历,有五分之二的健美操指导员具有本科学历,具有大专学历的健美操指导员则占到三成。究其原因,主要是由于很多健美操指导员是由高等体育院校的在校学生业余担任或者兼职的;还有一些是高校的在职健美操老师,他们具备的业务素质通常都比较高,专业能力也都很强。由此,便达到了较好的充实健美操指导员队伍的目的。

（五）技术等级情况

从调查中发现,健美操指导员中有近四分之三拥有国家级、一级、二级、三级技术等级证书,有四分之一的健美操指导员没有拿到技术等级证书。从这一比例中可以得知,仍有一部分的健美操指导员属于无证上岗,这一现象产生的原因在于,有些地方并不在乎健美操指导员是否具有等级证书,只要能上好课、能将会员吸引住即可。由此就反映出了有关主管的职能部门监督机构还需要进一步完善,健美操指导员无证上岗的问题普遍存在,亟须解决。

二、健美操指导员技能来源及继续教育情况

（一）职业技能来源方面

从调查中发现,健美操指导员的职业技能的获得途径主要是

高等体育院校的专业学习和培训,其次是通过各种培训班的学习。由此说明,健美操指导员普遍有着较高的基础专业水平,但是,相关体育职能部门对健美操指导员的继续学习和培训不够重视的问题普遍存在,这就要求采取相应措施来改善这种状况。

当前,健美操的发展速度非常快,并且在健身领域中占有越来越重要的位置。健美操的专业更新速度快,课程更新更是日新月异。关于健身课程的更新和开发研究已经在进行,并且取得了理想的成效。健身指导员必须不断更新和充实自己的知识结构,经过认真的学习积累满足教学的需求和学员的健身愿望,对从整体提高健美操指导员队伍的建设水平起到积极的促进作用。

（二）继续教育方面

通过调查发现,有近七成的健美操指导员在从业期间从没参加过技能培训班。一个季度参加一次培训的健美操指导员有八分之一,十分之一的健美操指导员半年参加一次培训,不到一成的健身指导员一年参加一次培训。导致这一现象的主要原因是培训的经费问题,健美操健身方面没有专门的经费用于指导员的培训工作,这一问题急需改进。

三、健美操指导员职业能力状况

（一）参加省级、国家级比赛情况

通过调查发现,有四分之一的健美操指导员参加过健身健美操的比赛,十分之一的健美操指导员参加过国家级比赛。通过参与比赛,能够有效提高健美操指导员的技术水平。因此,这就要求健美操指导员应踊跃参加各种专业比赛,使自身的技术水平和专业业务能力得到有效提升。

（二）指导的项目

当前,健美操健身活动所开展的项目众多,其中,最为普遍的有有氧健美操、有氧拉丁操、肚皮舞、瑜伽和踏板操等,也有些地方开设了爵士舞、普拉提等项目。调查发现,大部分的健美操指导员能够熟练掌握2~3项健美操项目的运动技能,教学指导也能做得顺心顺手,使健身锻炼者的需求得到基本的满足。

（三）工作的动机

从心理学的相关研究中得知,动机是由多种心理因素组成的动力系统而引起的内部动力。指导动机会从内部对健美操指导员指导产生推动力。通过相关调查发现,健美操指导员的指导动机中,处于首要地位的是兴趣爱好,其次是经济效益,再次是强身健体。由此可以看出,大部分的健美操指导员都是在兴趣爱好的指导下进行的。其中,兴趣在人的生活中所起到的作用是非常大的,比如,推动正在进行的活动,促进创造性活动,为未来活动指定方向等。在兴趣的带动下,健美操指导员的积极性和创造性能够得到充分的调动,从而有助于他们聪明才智和能量的发挥,进而达到最佳最优的指导效果。

（四）授课形式

单动作操教法,能够使健身者一直处于对一种动作的简单模仿。调查发现,有很大一部分健美操指导员采用老式的单动作操教法进行健美操的授课。但是,这种方法应用于健美操授课中,往往会产生不良的后果,如果健美操指导员停止带操,他们的锻炼就无法继续下去。

采用循环组合递加法授课的健美操指导员也很多,甚至占到了半数,这种方法具体来说,就是 A－A＋B－A＋B＋C－A＋B＋C＋D 的滚动连续方式。这一方法能够使健美操健身爱好者在学习过程中不断开动脑筋,寻找连接规律,这就使单动作操教法简单模仿的弊端得到了有效弥补,同时还能让健美操健身爱好者有一定的成就感,能够将健美操健身爱好者的锻炼热情和积极性充分调动起来。

能够将单动作教法和组合教法两种方法结合起来加以进行教学的健身指导员非常少,只占到一成。

（五）指导能力

健美操指导员的指导能力包含着多个方面,是多种能力的综合体现。下面就对其中的几种能力加以调查和分析。

1. 动作编排能力

健美操指导员在领操台上要将自己健美的身材和规范的动作充分展现出来,同时,其还要具备科学的编排成套健美操的能力,能把各个健美操的单个动作合理完美地编排成一套受学员喜爱、具有实用锻炼价值,并具有一定的观赏性的成套健美操,这是非常重要的。从调查中发现,在对健美操指导员授课内容获得途径的调查中发现,有近四分之一的健美操指导员是经常自编自创的,有近五分之一的健美操指导员是从观摩健美操 VCD 中获得授课内容的,而有三分之一的健美操指导员是从高等体育院校健美操课中学习的。由此可以看出,大部分的健美操指导员都需要自己创编既科学又安全的健美操动作。健美操成套动作的创编,对动作素材的数量要求较高,因此,指导员必须通过不断的学习,来掌握大量相关的知识和素材。

2. 示范能力

调查发现,健美操指导员在教学示范上采取的方法也不尽相同,比如,能够以动作需要和健身者的掌握程度为依据来对镜面和背面示范法进行综合运用的健美操指导员仅占到半数。仍然有半数的健美操指导员没有这么做,其中,从始至终背对着健美操健身爱好者采用背面示范法进行教学的健美操指导员占到调查总人数的四分之一。采用镜面示范法进行教学的健身健美操指导员占到调查总人数的五分之一。由此可以看出,还有大部分的健美操爱好者是非常希望指导员能够合理采用镜面和背面相结合的示范法进行教学指导的。

3. 实践指导能力

对于健美操指导员来说,除了较强的带操能力外,与专业相关的实践能力也是必须具备的重要能力。在授课过程中或课后,要通过经常性地与健身者交流,了解他们的兴趣和实际需要,并以此为依据来针对性地传授和讲解健身的基础知识、常规技术、锻炼方法及注意事项,努力做到成为健身爱好者在锻炼过程中可以依赖的对象。同时,健美操指导员还要针对不同年龄、不同目的的健身对象,将合理的健身处方制定出来,并且根据实际情况提出科学合理的建议,提醒爱好者做好自我保护的工作。需要特别强调的是,健美操健身爱好者在各个方面都存在着一定的差异性,这就要求健美操指导员要以此为依据,在统一教授的基础上区别对待,强调健美操健身爱好者自身发展和进步的幅度,使每个健美操健身爱好者都能够充分发挥自己的特长,补其所短,激励其进步,让每个健美操健身爱好者都有进步的信心,能体验到健美操健身的快乐。

从调查中发现,只有四分之一的健美操指导者能够做到经常向健美操健身爱好者传授健身知识和锻炼方法,大部分的健美操指导员只是偶尔对健身者进行健身知识传授,还有一小部分的健美操指导员从来没有传授相关知识的。这就在一定程度上对健美操的发展产生了阻碍作用。

第二节　健美操指导员的基本素质

在群众性体育活动中从事运动技能传授、科学健身指导和组织管理工作的人员,就是所谓的社会体育指导员。社会体育指导员是我国《体育法》规定的社会体育工作人员,其资格得到国家认可,具有一定的法律地位,是在群体性体育活动中从事运动技能传授、科学健身指导和组织管理工作的人员①。社会体育指导员本身有着非常重要的职责,即为科学引导群众参与社会体育活动,并借此来使参与者形成健康、科学、文明的生活方式。一般的,可以将社会体育指导员分为两种形式,一种是志愿性指导员,一种是职业性指导员。具体来说,包括健美操指导员在内的社会体育指导员需要具备的基本素质主要有以下几个方面。

一、思想道德方面

作为社会体育指导员的健美操指导员,要求必须拥护中国共产党的领导,热爱社会主义祖国,遵守法律与社会公德,热心健美操事业,积极从事健美操相关工作。健美操指导员要具有正确的政治方向和较高的思想觉悟;有较强的法制观念和良好的道德修养;除此之外,还要有高度的事业心、责任感和扎实的工作作风。

二、形象素质方面

人们面对他人、面对生活的最基础的素质结构,就是所谓的形象素质,其能够将人们对自身工作积极、喜爱的程度从侧面反映出来。良好的形象素质能够将健美操指导员的个人风采充分体现出来。具体来说,健美操指导员的形象素质主要分为两部分,即外在形象与内在形象。

(一)外在形象

对于很多体育相关工作人员,外在形象并不是一个硬性指标,但是,对于健美操指导员这一特殊职业来说,良好的外在形象则是其应该具备的最基础要求。一般来说,对健美操指导员的外

---

① 申丽琼,邱勇．社会体育指导员培训教程[M]．北京:北京师范大学出版社,2012.

在形象要求主要表现为：健康匀称的体型体态、整洁合体的职业服装。除此之外，还要有自信从容的言语、大方得体的举止。

（二）内在形象

健美操指导员所具有的，和其他人所不同的个人魅力，就是所谓的内在形象。具体来说，健美操指导员的内在形象应该是具备健康向上的气质、活泼开朗的性格。可以说，良好的内在形象是健美操指导员由内而外自然散发、无法模拟的人格魅力。

三、专业知识方面

不管什么人做什么事情，都要具备最根本的基础，就是掌握相关的知识，这也能在一定程度上将一个人受教育的程度和所接受的文化体系反映出来。对于健美操指导员来说，专业知识的掌握是非常重要的，其关系着健美操指导员指导工作能否顺利进行。具体来说，健美操指导员应掌握的专业知识主要有以下几个。

（一）专业知识

健美操指导员必须熟练掌握充足的专业知识，这是其教授动作、传授技能不可缺少的理论组成部分。一般的，健美操指导员的专业知识的内容有很多，具体可以划分为以下两种。

1. 健美操技术理论知识、健美操教学实践知识

这两个方面实际上是健美操指导员通过内在结构的优化使健美操健身爱好者简单易懂地掌握科学健身方法。

2. 健美操指导员的经验性知识

这一专业知识类型主要是社会健美操指导员总结自己工作

的经验,使健美操健身爱好者在锻炼过程中高质量的达到健身目的是其重点和难点所在。

（二）专业相关知识

专业相关知识,就是与健美操专业知识相关的其他知识,这也是健美操指导员应该掌握的重要知识,其主要在处理健美操健身中所遇到的问题时加以运用。

一般的,健美操指导员要掌握的专业相关知识主要有以下几个方面的内容。

（1）体育教学法、运动训练学知识。主要被健美操指导员应用于教学训练中。

（2）运动生理学、运动心理学知识。这两门学科知识的掌握,能够使健美操指导员从多个角度来了解和考量健美操健身爱好者的生理和心理指标。

（3）运动医学、运动解剖学知识。这两方面的知识主要应用于紧急处理运动损伤等突发状况,包括紧急救助和应急手段,是健美操指导员必须掌握的重要知识。

（4）运动生物力学、运动生物化学知识。能够使健美操指导员对运动时人体关节以及肌肉的承力承重点有更加深入细致的了解,也在一定程度上为预防措施奠定了良好的基础。

（三）专业辅助知识

专业辅助知识是健美操指导员衔接、构建专业知识和专业相关知识的不交叉却又密不可分的知识结构[①]。

（1）社会体育法规、体育社会学知识,能够使健美操指导员的知识面得到进一步的拓展,从而为健美操健身爱好者提供更好的服务。

（2）教育学、英语知识,能够使健美操指导员的自身素养得到

---

① 李孟璐.社会健美操指导员应具备的职业素质[J].当代体育科技,2013,3(25):148-149.

有效提升,同时,这对于其与健美操健身爱好者的沟通交流也是有所助益的。

四、工作能力方面

健美操指导员首先要具备一定的基础知识,并且在此基础上,熟练掌握健美操的相关专业知识,主要涉及政策理论、基础理论、组织管理、锻炼指导、科学研究等理论知识。达到指导低等级健美操指导员和进行科学研究的能力要求,具体来说,主要包括组织管理能力、锻炼指导能力、科学研究能力和指导低等级社会体育指导员的能力以及其他有关的能力;良好的身体素质和心理素质,动作协调能力;较强的示范、讲解与语言表达能力。

五、非智力因素方面

这里所说的非智力因素主要包括体质、品质、心理等方面。

(一)体质

健美操指导员从事这一特殊职业所应有的身体素质,就是所谓的体质。具体来说,健美操指导员首先要有强健的体质,这样才能保证指导工作的顺利进行与完成,充足的体能是保障长时间大强度指导工作的根本基础。

(二)品质

品质是健美操指导员对待生活、对待工作的积极态度,同时也是其自身的职业操守和职业期望,是自身素养的修习。

(三)心理

健美操指导员自身内心深处的个性和动机,就是所谓的心理,其能够为智力的发挥提供必要的调控基础。

六、指导资历方面

通常,对于二级及以上的健美操指导员往往要求必须达到从事下一等级健美操指导工作的起码年限要求。但为鼓励更多的体育专业人才参加社会体育工作,不是所有的都是这样的。根据《社会体育指导员技术等级制度》对各级社会体育指导员提出的具体要求,可以将健美操指导员的等级及相关要求归纳为以下几个方面。

(一)三级健美操指导员的基本要求

(1)要对健美操日常活动和比赛的一般知识加以了解,能对健美操活动的技能传授方法有所掌握,并且能够较好地从事并完成健美操基本的锻炼指导工作。

(2)要对健美操锻炼工作的一般知识加以了解,对健美操活动组织管理的方法有所掌握并能熟练应用,能够以既定计划为依据来组织实施基层组织的健美操相关活动。

(二)二级健美操指导员的基本要求

(1)从事三级健美操指导员工作两年以上。

(2)基本掌握健美操日常锻炼和比赛的理论与方法,能够有效承担健美操活动的技能传授和锻炼指导工作,并且能够取得较为显著的成效。

(3)能够基本掌握健美操组织管理的理论与方法,熟悉健美操活动工作的特点,能够承担基层组织健美操活动的计划、实施和总结工作,并且能够取得较为显著的成绩。

(4)具有指导三级健美操指导员应该具有的能力。

(三)一级健美操指导员的基本要求

(1)从事二级健美操指导员工作三年以上。

(2)掌握健美操日常锻炼和比赛的理论与方法,能够承担健美操锻炼活动较高水平的技能传授和锻炼指导工作,并能够取得比较突出的成效。

(3)掌握健美操活动组织管理的理论与方法,具有一定的实践经验和较强的组织能力,能够指导基层健美操组织的工作,并取得比较突出的成绩。

(4)具有指导二级健美操指导员的能力,能够参与到健美操的科学研究工作中。

(四)国家级健美操指导员的基本要求

(1)从事一级健美操指导员工作五年以上。

(2)较系统地掌握健美操日常锻炼和比赛的理论与方法,在健美操活动的技能传授和锻炼指导中取得显著成效,或在发展健美操活动中具有特殊技能和突出成就。

(3)较系统地掌握健美操组织管理的理论与方法,具有丰富的实践经验,能够承担国家或省、自治区、直辖市和全国行业、系统的健美操活动的组织工作,或在全国性健美操锻炼工作评比中获得先进个人称号。

(4)具有指导一级健美操指导员的能力,在健美操的科学研究中取得一定的成果。

(五)健美操指导员从事健美操指导工作的基本要求

(1)经常从事健美操指导工作,热心为群众健身服务。

(2)遵守国家的法律、法规、规章,遵守职业道德、社会公德。

(3)坚持因地制宜的原则,在安排健美操指导员的工作时,一定要做到有计划、合理,并且要能对接受指导者的安全和身心健康负责。

(4)严禁进行封建迷信、帮会、赌博、色情或其他危害人民群众身心健康的活动①。

---

① 申丽琼,邱勇. 社会体育指导员培训教程[M]. 北京:北京师范大学出版社,2012.

(5)健美操指导员要积极参加体育主管部门所组织的专业学习培训和活动,使自身业务能力进一步增强,自身的科学指导水平不断提升。

第三节 健美操指导员应具备的职业技能

一、健美操指导员应具备的能力

健美操指导员应具备的能力有很多,可以从表 6-1 中有直观的了解。

表 6-1 健美操指导员应具备的能力①

健美操指导员能力	教学能力	表达能力
		课堂组织能力
		灵活运动教法手段的能力
		观察分析能力
		教学应变能力
		教学评价能力
	学习与创新能力	选择音乐的创新能力
		教学方法创新的能力
		动作编排的创新能力
		学习接受新事物的能力
	运用音乐的能力	把握节拍的能力
		音乐的简单编辑能力
		音乐欣赏的能力

---

① 崔绿群.南昌市健身俱乐部健美操指导员的现状调查与分析[D].南昌:江西科技师范学院,2011.

健美操指导员能力	健身指导能力	制定运动处方、计划的能力
		帮助学员建立健康生活观念的能力
		向学员讲授健身知识、方法的能力
	交际与协作能力	与学员建立良好关系的能力
		与其他健美操指导员合作的能力
	审美能力	从学员身上发现美的能力
		引导学员体验美的能力
		启发学员创造美的能力
	科研能力	对健身经验的积累和整理能力
		对健身效果的跟踪能力
		科研论文的撰写能力
	市场开拓能力	健身市场适应能力
		营销能力

　　健美操指导员的能力并不是一朝一夕就能形成的，而是在教学指导过程中逐渐积累并总结经验发展而成的。对于健美操指导员来说，他们从事健美操项目等指导活动必须要具备相关的专业能力，这能够使指导活动顺利完成得到有效保证，还会对指导员的职业活动效率产生直接影响。因此，对健美操指导员的能力进行积极有效的培养是非常重要且必要的，要加以重视。

二、健美操指导员的职业能力分析

　　完成任何事情所具备的最基本素质，就是所谓的能力，其能够将个人为生存而掌握的技术技能，以及适应环境变化而习得的经历经验充分反映出来。

　　通过对上述健美操指导员应具备的能力的归类中可以看出，健美操指导员的能力是非常繁多且有着非常细致的划分的，下面就对其中较为典型的几种加以分析。

（一）基础能力

基础能力是健美操指导员教授动作、传授技能的重要组成部分。具体来说，主要包含以下几个方面。

（1）语言表达能力：健美操指导员指导健美操健身爱好者学习相关知识和技能，就是借助于这一能力，通过外在结构的转化而实现。

（2）观察能力、信息分析能力：健美操指导员以健美操健身爱好者锻炼健身情况为依据，细致分析健美操健身爱好者身体负荷，并据此对练习方案进行及时调整。

（3）创新创编能力：指健美操指导员打破常规、挑战传统，以此来使自我知识能力结构得以优化和完善的能力。

（二）教学指导能力

教学指导能力是健美操指导员教学训练时，将理论知识和实践能力综合作用于健美操学员活动练习的能力[1]。具体包括以下几个方面内容。

（1）动作规范示范到位能力、讲解明确口令清晰能力：所体现的主要是健美操指导员在视觉和听觉方面所表现出的专业能力。

（2）调动感染与调节气氛能力：主要是指健美操指导员在调动学员学习气氛方面的能力，这种积极能力的发挥，能促使健美操教学效果的优化。

（3）纠正错误与保护帮助能力、运动负荷制定把握能力、预防和处理伤病的能力：健美操指导员通过这些能力的发挥，能够积极纠正和保护健美操健身爱好者的动作表现，并且能对运动强度进行适当调节，使潜在伤病得到有效预防和科学处理。

---

① 李孟璐．社会健美操指导员应具备的职业素质[J]．当代体育科技，2013，3（25）：148-149．

（三）组织管理能力

健美操指导员在教学训练过程中用于人际沟通交流的能力，就是所谓的组织管理能力。组织管理能力所包含的内容主要有以下两个方面。

（1）处理人际关系能力、交流沟通能力：实际上就是指健美操指导员在人与人的互动过程中，充分表达自己、客观认识他人的一种重要能力。

（2）集体性活动组织能力：主要反映出健美操指导员的综合能力，能够对总体调度以及决定决策能力有着良好的考验。

第四节　新时代健美操指导员指导能力的培养与发展策略

一、健美操指导员指导能力培养的大环境

从当前健美操指导员的职业水平和未来发展市场来说，通过各种举措来培养和提升健美操指导员的指导能力水平是非常重要且必要的。但不能忽视的是，这一系列促进指导员指导能力水平提高的举措，是需要在一个良好的大环境下进行的，因此，这里首先对这一良好的大环境背景加以剖析和阐述。

（一）完善健美操指导员的监督管理机制

当前，很多从事健美操指导员这一工作的人，都存在着没有相关证件的情况，即存在着无证上岗的现象，有关部门和行业协会有必要对健美操指导员进行统一的指导和管理，将健美操指导员资格认证和持证上岗制度建立并制定出来，在实施过程中逐渐完善。同时，健美操指导员的后续培训制度也要进一步建立健

全,健美操指导员的技术等级制度要进一步完善,并且要定期地检查和监督指导员的相关工作,从而使指导员的从业水平得到有效提升。

（二）创造良好的健美操指导员职业环境

良好的职业环境对于健美操指导员指导能力的培养与提升是有着积极的促进作用的。不同内容对健美操指导员所产生的作用和影响也是不同的,比如,健全的行业管理制度能够使健美操指导员行业发展得到制度上的保障;良好的学习文化和学习氛围对健美操指导员能力的不断提升能起到积极的推动作用。

（三）加强职业品质教育,树立正确的指导动机

当前,专职从事健美操指导员的人员较少,主要以兼职为主,而且其中很多人无证上岗。健美操指导员在指导过程中投入的精力有限,与学员之间的沟通交流较少,这就导致无法对学员的身体条件和心理需要有非常全面且深入的了解和认识,加上服务意识较差,这就对指导效果产生了一定的影响。因此,就要求进一步加强健美操指导员的职业品质教育,使其树立为人民服务的思想意识,让指导员能从履行公民义务的指导动机出发,促使越来越多的人将健美操指导员作为终身职业的选择之一,从而使健美操指导员得到社会大众的认可,也为健美操指导员未来更好地发展奠定良好的基础。

（四）以市场为导向,将健美操指导员能力提升机制建立起来

健身行业本身是作为一种服务性的行业产生并兴起的,这就要求健美操指导员提供的服务原则应该是使健身者的需要得到满足,而要做到这一点,不仅要提供与健身者需求相适应的健身服务,同时还要以健身者需要的变化为依据,来对提供的服务进行相应的调整,如此才能使越来越多的健美操健身爱好者参

与其中。对此,就要求健美操指导员在职业素养上进一步提高,使其职业道德意识和服务意识得到有效培养和提升,将为健身者服务的观念树立起来,改善服务态度和服务意识,不断提升服务素质。

（五）为健美操产业化发展提供有效动力

健美操产业化不仅能够将相关的产业充分带动起来使其得到进一步的发展,而且还能使市场环境得到优化,民众的健身意识也更加显著和活跃。健美操运动要想得到进一步的发展和繁荣,就必须走产业化的道路。鉴于此,相关部门要在政策和制度上为健美操产业化发展创造良好的条件和机会,并通过对国外健美操产业化经验的针对性借鉴,积极探索我国健美操产业化的路径,从而使我国健美操行业的持续发展和繁荣得以实现。

二、健美操指导员指导能力的具体培养方案

任何事情的发展,都是有计划、有导向性的。对于健美操指导员指导能力的培养,是需要制定相关的具体方案来加以实施的。具体来说,首先在制定培养方案时,要遵循相关的基本原则,从而保证方案的客观性、科学性和可行性。然后从具体的各个方面入手,来进行具体操作和实施。

（一）制定健美操指导员培养方案的基本原则

在制定健美操指导员培养方案时,需要遵循一定的原则进行,具体包括以下几方面。

1. 科学性原则

健美操指导员培养方案的制定需要遵循科学性原则,就是在制定培养方案时,要遵循相关的客观规律和科学的指导思想,将

教学内容的系统化和目标化作为重点关注的方面,还要将教学领域最前沿的发展水平反映出来。

2. 目标导向原则

健美操指导员本身就有着非常显著的特点,比如实践性和导向性,这就要求健美操指导员一定要满足健身者的健身需求,为健身者提供其所需要的健身服务。因此,要以健美操健身市场的需求为依据,来制定健美操指导员的培养方案,使目标与健身者的需要相适应,适当调整制定的教学方案,从而保证方案的目标明确,动态适应,永葆生机与活力。

3. 可行性原则

可行性原则要求所制定的培养方案必须具有现实可操作性,否则只能是一纸空谈,没有任何实际意义。可行性原则要求以各培养单位的客观现实条件为依据,在科学性和目标导向原则的指导下,制定出培养方案,并且要保证该方案具有较强的可操作性。

在严格遵循上述原则的基础上,需要按照所制定的方案来进行健美操指导员培养的具体实施,具体可以从以下几个方面着手。

(二)健美操指导员培养课程内容

健美操指导员培养方案中所包含的内容繁多,其中,健美操指导员培养课程内容设置处于核心位置。之所以要制定科学的培养方案,因为要将与健美操指导员素质结构体系要求相符的健美操指导员培养出来,因此,这就决定了要按照构建的健美操指导员素质结构体系来设置相应的课程内容。基于此,在构建的健美操指导员素质结构体系中的一级指标体系的基础上,可以将健美操指导员培养课程结构分为四部分内容(图 6-1)。

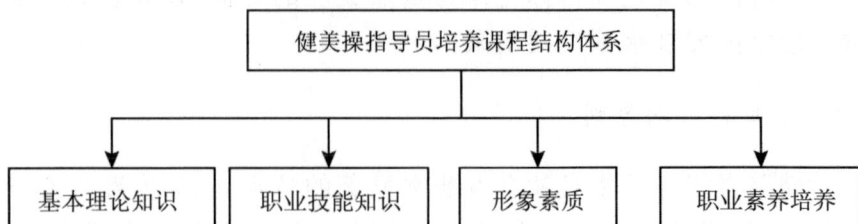

```
┌─────────────────────────────────┐
│       健美操指导员培养课程结构体系        │
└─────────────────────────────────┘
         │
    ┌────┬────────┬────────┬────────┐
    ▼    ▼        ▼        ▼
┌────────┐┌────────┐┌────────┐┌────────┐
│基本理论知识││职业技能知识││ 形象素质 ││职业素养培养│
└────────┘└────────┘└────────┘└────────┘
```

图 6-1

在健美操指导员培养课程结构体系中,首先要先确定下课程的总体结构,然后进一步细化每一个子结构,使其成为更加具体的课程。在此基础上,可以与构建的健美操指导员素质结构体系中的三级指标体系相对应。

由于每个子结构下的课程数量都比较多。因此,非常有必要按照健美操指导员素质结构三级指标体系下的健身者认同率来对必修课与选修课做进一步的划分。以每一个子结构重要程度的不同为主要依据,每个子结构下必修课程的划分应该将子结构的重要程度充分反映出来。

在此标准下,对必修课与选修课的划分为:

必修课包含的内容为:子结构专业技能知识下的健身健美教学实践、健身方法论、健身指导员基础理论;专业基础理论知识下的运动训练学、体育保健学;教学能力下示范能力所对应的教育学,音乐运用能力所对应的音乐韵律,健康指导能力所对应的运动营养学;职业道德下的健美操职业道德;服务态度及意识下的服务管理。其余大部分课程作为选修课,但是由于学员有限的在校时间和需要学习的理论课程太多之间形成了严重的矛盾,因此,选修课无法将所有基础理论知识都囊括其中,在这样的情况下,把基础理论知识课程列为健美操指导员培养体系中的自修课程。具体来说,其主要包括运动损伤与救助、人体生理学、运动心理学、人体解剖学这几个方面。表 6-2 将健美操指导员的培养课程体系直观地展现了出来。

表 6-2　健美操指导员培养课程体系①

课程结构	基本要求	课程设置	课程性质
基本理论知识	掌握扎实的健身健美理论知识	基础理论	必修
		健身方法论	必修
		健身教学实践	必修
		运动训练学	必修
		体育保健学	必修
		健美操拓展类	选修
		社会学	选修
		测量与评价	选修
		运动处方学	选修
		人体生理学	自修
		运动心理学	自修
		人体解剖学	自修
		运动损伤与救助	自修
职业技能知识	良好的教学能力	教育学	必修
		音乐韵律	必修
		运动营养学	必修
		健美操创编	选修
	良好的沟通能力	社会学	选修
	良好的审美能力	美学	选修
形象素质	良好的内在形象	美学	选修
		社交礼仪	选修
	良好的外在形象	形体塑造	选修
职业素养培养	良好的职业道德	职业道德	必修
	良好的服务态度和服务意识	服务管理	必修

---

① 冯雯. 成都市健身俱乐部健美操指导员素质结构及培养方案研究[D]. 成都：四川师范大学,2011.

（三）健美操指导员培养模式

健美操指导员本身就是一种有着较强的社会实践性特点的职业。因此，要大力加强高校学生实践能力的培养力度，同时也不能忽略其与社会的紧密联系。这就要求各院校要将学校教学—社会实习相结合的健美操指导员培养模式建立起来。除此之外，还规定学生在校学习期间，一定要抽出时间去健身俱乐部或者其他健身机构实习。由此来为学生创造出更多的在实践中锻炼自己的机会，并且在实习过程中更加对健美操指导员所需要的素质和技能有更加直接的了解，与自身情况相结合，就能够在训练和提升上更加有针对性和目的性。

（四）健美操指导员教学考核评价体系

对于整个教学来说，教学评价是不可或缺的重要部分，其主要起到积极引导教师教学和学生学习的重要作用，因此健美操指导员培养体系中，必须要有教学考核评价内容这一重要方面。

教学考核评价的对象为学生的学习效果时，就需要做到与培养目标紧密地结合起来。除此之外，教学考核体系的建立与健全，必须与健美操指导员的职业特点相符，同时，还要高度重视考核评价的综合性和全面性特点。

第七章　新时代健美操竞赛评判人才
——裁判员的培养与发展研究

健美操不仅是一项重要的运动健身项目,还是非常典型的竞技运动之一,因此,对于新时代的健美操运动来说,竞赛评判人才的培养也是至关重要的。从广义上来说,健美操竞赛的评判人才涉及很多方面,而从狭义上来说,竞赛评判人才则主要是指裁判员。这里就以裁判员为例,对新时代健美操竞赛评判人才的培养、基本素质和职业技能以及相关发展等加以分析和阐述,从而在充分了解裁判员基本情况的基础上,对其有一个更加深入的认识和理解,为更好地观赏和参与健美操竞赛提供必要的依据。

第一节　当前健美操竞赛裁判员培养的现状

一、当前我国健美操国际裁判员培养发展情况

(一)我国健美操国际裁判员培养发展状况

通过对近十几年来我国国际级裁判员的调查和分析,可以得出,我国国际级裁判员的数量是呈非常显著的增长趋势的。2005年之前,中国健美操的国际级别裁判只有几个人,可以说在这方面是非常欠缺的,这也制约甚至阻碍了我国健美操的发展,也就是从这时候开始,中国健美操协会开始重视我国健美操裁判队伍的建设工作,基于此,于2009年开始实施相关的政策和措施来加

强我国健美操裁判队伍建设。特别需要强调的是,2011年世界大学生运动会在我国举办,中国健美操协会为了更好地做好国际裁判员的培训和培养工作,向国际体联提出了在深圳举办国际裁判员培训班的申请,并且获得了批准和支持,就这样,我国一批优秀的裁判员、退役的健美操世界冠军们,进行了体育相关的学习和培训,并且顺利通过考试,获得了国际级裁判的资格,这也有效促进了我国健美操裁判队伍的飞速发展。

近几年,我国裁判员总人数上不断增加,高级别裁判员的数量也在不断增加,但是这不能掩盖我们大部分裁判级别相对较低的事实,他们往往集中在四级裁判,因此,在国际比赛中担任执法的机会仍然非常少,这就需要进一步加大对裁判级别晋升的重视程度,在政策方面加大支持的力度,使越来越多的中国裁判员能够在国际裁判领域中占有重要位置,使比赛场裁判员的位置也能由中国裁判主持。

（二）我国健美操国际裁判员地区分布状况

我国幅员辽阔,存在着显著的地域特征,这在很多方面都有所体现。对于我国健美操国际裁判员的分布来说,也是如此。

通过对我国健美操国际裁判员不同地区的分布的调查发现,十几年来各地区的数量都是有所增加的,但是,也不乏有些地区的国际级裁判呈现出有所减少的情况,比如,我国的国际级裁判员主要分布在华北、华东和中南地区,而西南和西北地区则相对较少。究其原因,西部地区的经济状况不佳成为最主要的因素,这就在根本上限制了健美操项目的进一步发展,再加上从事健美操裁判员工作的人群少,国际级裁判员人数比其他地区少也是情理之中的。

通过对近几年我国健美操国际裁判员地域分布的调查发现,国际级裁判的人数存在着区域上的差异性。高级别国际裁判在两个区域、四个城市的分布是较为集中的,具体见表7-1。从国际裁判员区域分布不均衡的情况中也能够看到我国健美操项目各省市、各区域发展状况。

表 7-1　我国国际级裁判员的分布

裁判级别	分布地区
一级裁判	华北
二级裁判	华北、华东
三级裁判	华东、西北
四级裁判	华东、华中、华北

　　为了缩小我国健美操国际裁判员在专业水平和数量上的差距,中国健美操协会针对西南、西北地区的实际情况,采取了一些有效扶持的政策来促进健美操项目的发展,其中,优秀裁判员队伍的建设、国际裁判的培养是重点,但是,收到的效果却并不理想,当地的经济不发达可能是主要制约性因素,因为区域经济较为落后,优秀的健美操人才外流的情况就会较为普遍,这也是非常不利于健美操项目发展的重要原因,同时,这也决定了这些区域技术水平的提高是比较困难的。因此,针对西南、西北地区健美操发展状况,中国健美操协会还需要进一步采取新的举措,为这两个地区健美操项目的发展逐渐跟上全国发展的步伐提供相应的帮助与支持。

　　从我国健美操国际裁判员队伍的建设发展状况中可以看出,中国健美操从产生到发展,到逐渐变强,再到现在跻身世界前列的高水平,这十多年中国健美操的飞速发展有目共睹。尽管我国已经在健美操国际裁判员的队伍建设上取得了一定的成就,但是,仍然要走出国门,拓宽视野,丰富经历,勇于拼搏,不断进取,将我国国际级裁判的精神与作风进一步发扬光大。

二、我国健美操国家级裁判员培养发展情况

(一)我国健美操国家级裁判员培养发展情况

　　通过对近几年我国国家级裁判员的调查和分析得知,其在数

量上是呈显著增加趋势的,国家级裁判员总数近乎翻了一倍。也正是在这一时期,中国健美操竞技水平有了显著的提高,全国赛事活动的组织工作也非常理想,参赛人数也有了明显的增加,这些都充分反映出了我国健美操项目的发展是迅速的,提高是显著的。

鉴于当前健美操项目的发展情况以及赛事活动的增加情况,更多的优秀裁判员被需要,因此,对高水平的裁判人员进行积极有力的培养,使其数量不断增加是非常必要的。同时,建立高水平、高素质的裁判队伍、引领健美操正确的发展方向,创造良好的竞赛环境,能为健美操项目的进一步发展提供条件。裁判员数量的增加,也在一定程度上将健美操比赛的参赛队伍的数量在增加、健美操人口规模逐年壮大、健美操运动的影响力逐年扩大的情况充分体现了出来。

(二)我国健美操国家级裁判员地域分布情况

健美操为非奥运项目,因此,国家在该项目的发展上是没有专项经费的,因此,使得我国健美操项目的教练、裁判的培养受到一定的制约和限制。尽管如此,在中国健美操协会的不断努力下,我国健美操项目已经有了较完善的教练员、运动员的管理体系,同时,也已经对较为完善的裁判员管理体系的建立进行了研究。

通过对我国健美操国家级裁判员的调查分析得知,其在人数上是呈递增趋势的,且增长速度最快的是华北地区,这与近几年北京、天津健美操发展速度快的关系是呈正相关的。作为非奥运项目的健美操,在专项经费的支撑方面是欠缺的,因此,为了迅速提升健美操技术水平,中国健美操协会将健美操教练员们的积极性充分调动起来,加大了对裁判员的培养力度,并且采取了相应的一些措施,比如,将优秀的教练员作为培养重点,让其对竞赛规则有更加深入的了解,对技术的理解程度加深,使其能理解运动员目前的表现,并采取相应的评判的视觉点与要求,保证教练员带队的积极性。除此之外,裁判员要做好与教练员的配合,增加默契程度,这也在某种程度上为健美操竞赛的顺利进行创造了有利条件。

裁判员经过多年的运动训练实践,技术评价的精准程度已经相对比较高了,裁判水平也随着经验的不断积累而更快提升。这种具有中国特色的教练员与裁判员的关系,是有助于营造出良好的竞赛环境的。要将优秀裁判员的培养作为工作的重点,在提升我国健美操裁判员技术水平的同时,也使培训的目标受众的数量上有所增加。

近几年,北京、天津运动员技术水平提高的速度较快,参与人数不断增加,这就促使这两个地区裁判员队伍的壮大,执裁能力的提高程度也加大,裁判员过硬的业务能力和专业精神是赛事公平、公正、公开的重要保证,同时,也能保证赛事活动的顺利进行。

三、我国各省市裁判员培养发展情况

通过相关调查发现,健美操国家级裁判在我国 22 个省、市、自治区都有分布,由此也反映出了健美操在我国还是有着良好发展的。调查发现,多个省份的裁判员实现了从无到有。数量变化也在一定程度上将地方在该项运动上的投入力度反映了出来。

另外,区域经济发展水平也会在一定程度上对健美操运动的发展产生影响,比如,经济发展较好的省市就会有较多的国家级裁判员,而经济发展较差的西部地区裁判员的数量比较少,且往往没有国际级、国家级裁判员,由此可以看出,健美操项目的发展与各省市经济发展的状况是相适应的。

我国裁判员在级别、数量和地域分布上都存在着一定的地区差异性,但是这些具体情况是与当地健美操发展水平相吻合的。可以说,裁判员队伍建设的差异性也在某种程度上将健美操运动开展的地区差异性体现了出来。

在我国,地区差异在很多方面都有所体现,健美操运动的开展上也是如此,同时,这也为裁判员在全国的分布情况提供了佐证。在不同的地方,健美操项目的发展是不同的,其影响因素主要为当地在项目上的经费、人力投入以及地方相关领导的重视程度。

第二节　健美操竞赛裁判员的基本素质

体育比赛的顺利进行以及公平、公正的保证,主要取决于裁判员的基本素质和专业素养。这也适用于健美操运动。健美操项目在获得进一步的发展之后,对相关专业人员也提出了更高的要求,裁判员则是其中非常重要的一个方面。某种程度上,健美操裁判员人格的高低、文化底蕴的多少都能在其工作过程中得到体现。因此,在健美操训练和比赛中,裁判员所扮演的角色通常是"法官",主要负责训练和比赛的组织与领导工作。

具体来说,要做一名优秀的健美操裁判员,需要具备的基本素质有以下几个方面。

一、职业道德方面

作为比赛的执法者,裁判员不仅在规则、技术等方面有优秀的表现,良好的职业道德也是最基本、最为首要的重要素质。作为优秀的裁判员,应该严格做到"四严""四公""四良好""四要有""五不",具体如下。

(一)"四严"

严于律己:时刻保持自重、自尊、自强、自立的品质,裁判员在严格要求自己的前提下来对运动员提出较高要求。

严格执法:在制定裁判规则时,一定要做到全面且准确,不能因为某些原因而对有意犯规和暴力行为的判罚放纵不管。

严肃认真:对工作认真负责,不因为某些因素而干扰执法,同时要不谋私利,不感情用事。

严格合理:熟悉掌握规则、规程、纪律及赛场的各项规定,能加以灵活运用,使比赛的顺利进行得到保证。

(二)"四公"

公正准确:在实施临场判罚时要做到公正准确,不偏不倚。

公平合理:比赛双方在比赛规则中是处于平等地位的,因此要依据实际情况客观执法。

公而忘私:裁判员首先要遵循比赛和规则的要求,执法过程中必须切实做到廉洁奉公。

公开透明:裁判员都是在大众的视线中吹响每一声哨响的,这就要求裁判员必须做到严格执法。

(三)"四良好"

良好的职业道德:裁判员的职业道德主要从其言行、仪表、态度、判罚等方面得到体现,因此要对这几个方面加以注意。

良好的文化修养:裁判员自身的文化修养会对其执法实践产生重要影响,这就要求其进一步拓宽知识面,政治素养的水平要有所提升,并且将良好的品德树立起来。

良好的工作作风:执法要严禁,跑动要积极,不怕辛苦、任劳任怨。

良好的身体素质:坚持进行身体锻炼,能够保证以较好的体能参与到工作中。

(四)"四要有"

要有敏锐的观察能力:要有广阔的视野,这样才能综合把握全场,对场上的所有参赛人员加以严密监控。

要有快速的判断能力:裁判员要综合自身经验和所学知识,对场上运动员行为的"判与不判"作出迅速的决断。

要有运用规则的能力：裁判员要熟悉掌握并灵活、准确地运用规则。

要有处理问题的能力：裁判员要通过各种方式和途径不断提升自身的领导水平和组织能力，工作方法上也要有所更新和改进。

（五）"五不"

"五不"，即不吹偏哨、不吹找哨、不吹冒哨、不吹漏哨和不吹误哨。

二、身体素质方面

对于所有的竞技运动裁判员来说，执法过程都是一项体力劳动，因此，良好的体力和耐力是裁判员首先要具备的重要方面。

健美操裁判员的临场工作，不仅复杂，还要求必须细致处理，在极短的时间内作出尽可能准确的应答活动，因此，敏锐的判断和反应能力是非常重要的，可以将其归纳为一项高强度的脑力劳动。同时，健美操裁判员的精神面貌必须是良好的，具体是指精神饱满、头脑清楚、反应迅速、思维敏捷。上述条件全部符合，连续紧张的工作才能进行下去，也才能做到与健美操运动发展的节奏协调，使其需要得到较好满足。

除此之外，也不能忽视了视野的拓宽、观察能力的提升等重要方面，因为裁判员能否及时准确地判断临场情况，先决条件就在于其视野和观察能力。

三、心理素质方面

裁判员的临场心理压力是受到很多因素的影响和制约的，其中起到重要的决定性影响的因素主要有比赛规模大小、比赛的性质、运动员和教练员的态度、观众情绪等。裁判员判罚的准确性会对教练员和运动员产生较大影响，如果出现失误，那么某一队的教练员或运动员的情绪就会受到影响,进而成辐射状地发散影响到观众的情绪。为避免这一情况的发生,裁判员需要在个人修养、个人心态、增强自信心方面有所重视和提升,尽可能减少外界所带来的压力,保持良好心态。

（一）良好稳定的心态

裁判员的心态随着比赛的进程经常发生变化。裁判员在执行任务时往往会受到诸多因素的影响,比如,自身的业务能力、执法能力和经验以及外界环境等;受这些因素的影响,其心理上的变化就不可避免,从而影响其裁决水平。这个时候,为了保持准确的裁决水平,需要具有稳定的状态。具体来说,主要表现为:心理稳定性强、思维敏捷、沉着冷静、信心百倍,反应及时,大胆果断、手势标准、动作熟练,判罚合理,掌握尺度时间持久。

（二）抗干扰和压力的能力

在健美操比赛过程中,不管比赛的规模多大、级别多高,裁判员在心理上都有一定的压力,只是压力大小不同而已。一般的,较小的压力所导致的行为适应往往是正向的,但如果压力较大,且长久不被解除,就会对裁判员的知觉、注意力、记忆以及发现问题、分析判断和采取决策的能力产生不利影响,从而容易造成错判、漏判和误判的情况产生。

（三）控制情绪的能力

对于一个优秀的裁判员来说,稳定的情绪是不可或缺的重要心理素质,但是,在各种因素的影响下,裁判员的压力往往会比较大,这就会导致其自我控制的能力降低甚至失去。压力往往会带来紧张、焦虑、愤怒等一定的负面情绪,从而对裁判员的临场思考能力造成干扰,因此,良好的自我情绪控制的能力是非常重要的。不管竞赛过程中出现什么样的情况,裁判员都要时刻保持正常的工作状态,具体为情绪稳定,注意力集种,意志坚强,有着必胜的信念和旺盛的斗志,在自我调节和控制能力方面不受任何外界因素影响,大胆、果断和冷静地做好临场执行工作,从而使应有的判罚水平得以充分发挥出来。

四、文化素质方面

健美操裁判员的文化素质包含的内容是多方面的,比如,受教育程度和对专业知识的掌握、运用能力,以及音乐理念。音乐是健美操的灵魂所在,因此,裁判员这方面的专业素养不仅不可忽视,还要作为重点加以培养和提升。

作为一种独特的、不依附、不需要外来内容的美,健美操存在于音乐的艺术组合之中。音乐在健美操中的地位和作用已经明确了,因此一定要重视所编排的健美操成套动作时的音乐风格。所编排健美操中音乐的合理、适当选择,不仅能将健美操的套路动作的风格和特点充分展现出来,还有助于不同体态的运动员表现特征的表达和个性特点的确立。音乐之所以能够成为健美操的灵魂,其作用远不止如此,还体现在烘托健美操运动员在整个表演过程中所表达的情感,体现运动员的性格及气质等方面。因此,这就要求健美操裁判员具有一定的音乐理念。

五、专项技能方面

对于健美操裁判员来说,其在整个执法过程中,能够充分体现出显著的独立性、复杂性、实践性和交叉性特点。健美操裁判员的任务主要为:对运动员的成套动作现场完成情况给予客观评价,并给出能反映出其专项技术水平的分数。因此,裁判员熟练准确地运用符号将对难度动作、操化动作、过渡与连接动作的技术规格、标准等全套动作记录下来并熟练运用是非常有必要的,否则是无法在极短的时间内完成这一任务的。所以,对于一名优秀的健美操裁判员来说,要掌握必要的专项规则知识,并且及时获取最新的健美操前沿理论与技术,使自身实践知识得到进一步的丰富和拓展,从而保证竞赛的公开、公正性。

第三节　健美操竞赛裁判员应具备的职业技能

一、健身健美操竞赛裁判员的职业技能

(一)裁判员应掌握的竞赛规则知识

1. 比赛目的与宗旨

积极促进全民健身事业发展,更好地满足广大群众对生活品质的追求,与当前的新时代背景相结合,对群众体育需求的新特点、新要求和新思路进行深入探索和研究,并且深度开发和挖掘多元化的健身形式,对科学的健身方法进行大力推广和普及,全面提高全民健康水平,激励越来越多的人参与其中,充分展现出多元的健身文化形式,在健身指导理论上给予大力支持,对时尚、先进的体育健身思想进行大力弘扬,借助于健身文明生活来使生活品位得到有效提升。

2. 参赛组别

(1)按照年龄分组
①学校组:幼儿组、小学组、中学组、大学组、精英组。
②社会组:青年组、中年组、老年组。
(2)按照内容分组
①时尚健身操(舞)
自选动作:有氧健身操、有氧健身舞、自由健身舞、健身轻器械操、轻器械健身舞、表演轻器械操、表演轻器械健身舞、有氧踏板操、有氧舞蹈。

②时尚健身课程

自选动作:传统有氧操、健身舞蹈、有氧搏击、健身踏板、动感单车、健身球、健身杠铃。

③大众锻炼标准

规定动作:少年组 1～3 级、《全国健美操大众锻炼标准》2 级、3 级、4 级、5 级、6 级套路。

④广场健身操(舞)

规定动作:2013 广场健身操舞规定动作。

自选动作:广场健身操、广场健身舞。

⑤街舞

规定动作:2012 年健酷街舞规定动作;2013 年时尚街舞推广动作。

自选动作:传统街舞、流行街舞。

⑥民族健身操(舞)

自选动作:民族健身操、民族健身舞、民族器械健身操、民族器械健身舞。

3. 参赛人数

参赛队员性别不限,人数分为:6～24 人。

4. 比赛时间

成套比赛时间为:2 分钟±10 秒。

有氧舞蹈、有氧踏板比赛时间为:1 分 30 秒±5 秒。

(二)裁判员的组织与实施技能

1. 裁判的组成及职责

(1)高级裁判组的职责

①负责有效控制和安排整个裁判工作,按照规则对裁判员和裁判长的评分进行适当调控,以使最后得分的正确性得以保证。

②对各裁判员打分的偏差做好记录工作,如果偏差经常出现,那么就需要高级裁判组充分发挥其权力,对裁判员的行为作出相应的处置,或者警告,或者更换。

(2)裁判长的职责

①在赛前,针对裁判员学习竞赛规程和竞赛规则做好相关的组织工作,此外,裁判员分工、临场抽签等也是其负责的重要方面。

②根据评分规则,裁判长对相关违规情况作出相应的减分判定。

(3)裁判员的职责

①严格遵守竞赛规程、评分规则和裁判员誓言。

②着装要符合规定,否则可以作出取消其相应资格的决定。

③到达裁判地点要准时,如果没有特殊情况要一直待在工作岗位不准离开,不得通过各种方式对其他裁判员、观众、教练员和运动员等释放出具有指向性的信息和指令,否则,会受到警告或处罚。

④要保留成套动作的评分记录,以供高级裁判组或裁判长作为重要依据来作出相应评判。

⑤如果裁判的评分与高级裁判组两者的意见分歧较大,这时候就需要裁判员作出适当、合理的解释,并在赛后做好协助工作来进一步分析该事件。

(4)计时裁判的职责

依照明确的规则,对成套时间的错误加以记录,填写好减分表并及时向裁判长报告相关事宜。

(5)记录长的职责

依照明确的规则,组织评分统计工作,并保证其顺利实施。

(6)检录长的职责

按照赛程要求,做好运动员比赛入场以及颁奖入场检录的组织工作。

(7)放音员的职责

负责开、闭幕式音乐的准备和播放工作;负责各队比赛音乐盘的收集。同时,还要做好整理排序、播放音乐、保管、退回等工作。

(8)播音员的职责

负责收集各队资料,在高级裁判组的指挥下,对全民健身操的竞赛规则加以介绍,并且还要及时播报参赛顺序以及比赛的结果。

2. 成套评分办法(表7-2)

表7-2 健身健美操成套评分办法①

评分因素	评分内容	分值
成套创编	成套动作的编排要将主题突出出来,有显著的项目特征,内容新颖、多样,连接自然流畅,动作设计风格特点突出; 将器械属性充分挖掘出来,并且将轻器械动作语汇充分展示出来; 在创编开始和结束动作时,要将艺术性和表演性特点体现出来	2分
场地空间与队形	成套动作要将比赛的场地充分利用起来,通过三维空间的变化来对运动员与器械的关系进行妥善处理; 在设计队形时,一定要保证新颖合理,变化清晰、流畅,同时还要将团队配合意识体现出来	2分
音乐与表现	在设计成套动作时,一定要使其与音乐的节奏、动效相吻合; 运动员的动作技巧规格较高,往往能够保证成套动作完成得娴熟、干净利落,表演情绪良好,运动、激情、表演三方面融为一体,这也一定程度上将运动员的健康自信与活力以及团队表演的感染力充分体现了出来	2分
技术技巧	运动员通过良好的身体能力将正确的动作技术、使用器械的娴熟性以及完美完成动作的能力充分表现了出来; 在完成成套动作过程中,全体成员都要将对动作的速度、方向及身体位置的整体控制能力表现出来	2分
一致性	全体成员必须做到动作整齐划一,不管是动作的幅度、速度、轨迹、合拍,还是队形移动变化与表演能力方面,都要保持一致性	2分

---

① 朱晓龙,李立群.健美操[M].杭州:浙江大学出版社,2014.

3. 裁判长减分

(1)运动员在被叫到后 60 秒未出场视为弃权。

(2)被叫到后 20 秒未出场,减 0.2 分。

(3)时间偏差(时间在 5 秒以内的时间偏差),减 0.2 分。

(4)运动员的着装、仪容不符合规定,减 0.2 分。

(5)运动员比赛时掉物或装束散落,减 0.2 分。

(6)托举的数量违例,每次减 0.5 分。

(7)器械种类超过两种,减 0.5 分。

(8)因动作失误器械掉地,运动员不捡起判失去器械,减 0.5 分。

(9)托举违例,每次减 1.0 分。

(10)参赛人数不符合规定,减 1.0 分。

(11)违反安全特殊规定,每次减 1.0 分。

4. 最后得分

(1)裁判员评分精确到 0.1 分,运动员最后得分精确到 0.01 分。名次先后以得分高低来定,得分相等则名次并列。

(2)最后得分=裁判员平均分-裁判长减分。

5. 特殊情况处理

健美操比赛中出现特殊情况,比如,播放错误音乐;由于设备问题而出现的音乐、灯光、舞台、会场等方面的干扰等,就需要运动员进行特殊对待,可以立即停止做动作,并将情况反映给裁判长,处理完特殊情况后重新比赛。需要注意的是,如果没有及时反映,那么是不会在比赛结束后再受理其多提出的要求的。

6. 运动员更换

确认报名后,参赛选手是不允许再进行更换的。如确因伤病或特殊情况需更换,则必须在比赛开始前 24 小时持大会医生证明或相关证明提出申请,组委会同意后方可更换。

7.参赛者纪律与处罚

(1)如果运动员拒绝领奖,那么就会将所有比赛成绩与名次取消掉。

(2)检录3次未到者,也会将其在该项比赛上的资格取消掉。

(3)如果参加比赛的运动员存在不尊重比赛的情况,比如,不遵守大会相关纪律、不尊重裁判和大会工作人员、有意干扰比赛等,将会根据情节的严重程度给予以下几种不同的处罚:

①警告。

②取消比赛资格。

③取消其获得的与参赛项目相关的运动员、教练员、裁判员的等级资格。

④终身取消相关赛事资格。

二、竞技健美操竞赛裁判员的职业技能

(一)裁判员应掌握的竞赛规则

1.竞赛项目

主要有男子单人、女子单人、混合双人、三人操、集体五人、8人有氧舞蹈、8人有氧踏板这些项目。

2.运动员年龄

如果要参加国际体联成年组竞赛,运动员需要满足参赛当年必须年满18周岁的要求。

3.运动员服装

参加健美操竞赛的运动员,在服装上是有性别差异的。

男运动员:必须着一件套比赛服或紧身背心、短裤与合体的内衣,以及护腰等适于运动的固定物;整套服装前后必须是封闭的;袖口处肩胛骨下不能有开口;任何亮片都不能有;允许 3/4 的裤长。

女运动员:必须身着带有肉色或透明裤袜的比赛服或连体衣,亮片允许存在;紧身衣前后领口的开口不能过分,前面要高于胸骨的中部,后面要高于肩胛骨的下缘;腿部上缘的开口必须在腰部以下同时还要将髂骨遮住,比赛服则要将臀纹线完全遮住才可以。

不管是男运动员还是女运动员,都必须穿白色的健美操鞋和运动袜;禁止穿着有描绘战争、暴力、宗教信仰为主题的服装,禁止佩戴饰物,比赛时不得露出内衣或打底衣。

4. 所有比赛项目的成套时间

1 分 30 秒±5 秒。

5. 音乐

必须配合音乐完整地表演成套动作。任何适合竞技健美操运动的音乐风格均可被采用。比赛中每位运动员每套动作必须自备两张 CD 盘,每张 CD 中只能录制一首音乐,并将运动员的所属队名、姓名、参赛项目的名称和音乐的长度标明,并在运动员报到时交给大会。

6. 成套内容

成套动作一定要将健美操操化动作和难度动作的均衡性表现出来,要求运动员手臂和腿部技术要领有力、定位清晰。

通常,成套动作至少包含以下各组难度动作各一个,最多允许做 10 个难度动作。

A 组:动力性力量。

B 组:静力性力量。

C 组:跳与跃。

D 组:平衡与柔韧。

(二)裁判员应掌握的竞赛知识

1. 比赛场地

(1)赛台高 80~140 厘米,后面有背景遮挡,赛台不得小于 14 米×14 米。

(2)比赛地板必须是 12 米×12 米。

(3)比赛的场地为 10 米×10 米,包括标记带。

2. 竞赛方法

竞技健美操只进行自选动作比赛,自选动作必须与规则要求相符。比赛分为两种,即"预赛"和"决赛"。

预赛:凡报名参加竞赛的运动员,均需参加预赛。参加决赛的是预赛中获前 8 名的运动员。预赛中团体总分就是将各单项成绩加起来的总和,名次根据得分多少而定,总分相等则名次并列,下一名次为空额。

决赛:参加决赛的运动员,会根据其决赛成绩来确定其最终名次,无关于预赛成绩如何,如成绩相等,名次并列,下一名次为空额。

3. 最后得分

艺术分(最高 10 分)、完成分(最高 10 分)与难度分(除以 2 或 1.8)相加为总分。最后得分就是总分减去难度裁判、视线裁判与裁判长减分。

(三)裁判员的组成及其职责

1. 高级裁判组及其主要职责

(1)负责整个裁判工作,并对其进行有效控制,按照规则来对裁判和裁判长的评分情况进行适当调控,从而保证最后得分是正确、合理的。

（2）对各裁判员打分的偏差进行记录。

（3）监督整个比赛的进程，处理影响比赛进程的一切违纪或特殊情况。

2. 裁判长及其主要职责

（1）组织裁判员学习相关规则，将评分标准统一起来，并对评分细则加以研究。

（2）在赛前 5 分钟，将裁判组人员召集起来，并做好入场的准备。

（3）发出比赛开始的信号，在自身的领导下，与裁判组一起做好现场评分的工作。

（4）要严格检查评分情况，对于裁判不公正的情况要给予批评，如果情节较为严重，则应该及时向仲裁委员会报告，使该事件得到妥善处理。

（5）在记录员的协助下，对运动员成套动作所用的时间进行检查，结合实际作出相应扣分的决定。

（6）对评分的情况进行检查，计算最后得分并将其出示出来。

（7）行使自身的应有权力，召集裁判员会商。

（8）有对教练员、运动员行为错误实施扣分处理的决定权，如果情节较为严重，也可以行使警告或取消比赛资格的决定权。

（9）扣除违例扣分。

3. 裁判员及其主要职责

（1）熟练掌握竞赛规程，精通竞赛规则及裁判法，并能加以灵活运动，能独立从事评分工作。

（2）在裁判员评分表上做好记录，作为评分的依据保存，便于日后检查。

（3）遵守裁判员守则，按规则评分。

（4）尊重并服从裁判长的领导，如果对裁判长的判罚有异议，可以提出意见，但要注意方式和场合。

由艺术裁判、完成裁判和难度裁判三组裁判组成。

①艺术裁判评分标准（10分）：

A. 音乐和乐感（2分）。

B. 操化内容（2分）。

C. 主体内容（2分）：混双、三人、五人成套中要求有两次托举，包括开头和结尾。

D. 空间运用（2分）：场地运用、行进路线、空间维度运用及队形。

E. 艺术表现力（2分）。

②完成裁判评分标准（10分）：

A. 评判成套动作的技术技巧，包括难度动作、动作编排和一致性。

B. 轻微偏离正确的完成（小错误）：每次减0.1分。

C. 明显偏离正确的完成（中错误）：每次减0.2分。

D. 严重偏离正确的完成（大错误）：每次减0.3分。

E. 失误：每次减0.5分。

③难度裁判评分标准（根据难度级别给分）：

A. 成套动作中最多允许做10个难度动作，必须完成每个难度组别中的至少一个难度。

B. 地面动作难度最多不超过5个。

C. C组落地成俯撑的难度最多不超过2个。

D. C组落地成劈叉的难度最多不超过2个。

4. 计时员及其主要职责

（1）熟练掌握比赛规则以及成套动作的规定时间。

（2）在比赛前，检查计时器性能，熟练掌握使用方法。

（3）比赛时，将运动员动作开始作为开表的重要标志，运动员最后动作结束时停表。如果是集体项目,则将第一人动作开始作为开表标志,最后一人动作结束作为停表标志。

(4)向裁判长报告成套动作的时间时,要保证熟练、准确。

5. 检录员及其主要职责

(1)负责的内容主要为赛前点名、检录,并向运动员讲解有关比赛的注意事项。

(2)如果有运动员弃权的情况,发现后,要立即将情况告知裁判长。

(3)在比赛开始时或发奖时,要做的工作内容主要为带领运动员入场或退场。

6. 记录员及其主要职责

(1)填写比赛评分表,记录各裁判员的分数。
(2)计算运动员的最后成绩。

7. 总记录员及其主要职责

(1)对记录员填写的"比赛评分记录表"进行登记,并对其加以审核。

(2)将运动员名次、得分和团体总分及名次准确、迅速地计算出来。

(3)比赛结束后,协助竞赛委员会做好成绩册的编写工作,还要负责整理比赛用的所有表格资料。

8. 放音员及其主要职责

(1)运动员报到时,其主要工作是收存比赛用的音乐带,并且按照比赛出场顺序做好相应的编号。

(2)比赛结束后,其主要工作是把录音带及时归还给运动员。

第四节　新时代健美操竞赛裁判员裁决能力的培养与发展策略

为了使健美操裁判员的裁判能力得到有效提升,保证我国健美操裁判员整体专业水平的不断提供,需要采取相应的策略来加以实施,具体有以下几个方面。

一、对健美操裁判员基本素质的培养加以重视

对于一名优秀的裁判员来说,良好的基本素质是首先应该具备。因为只有具备良好的思想品德素质、丰富的裁判规则和裁判法知识、专项动作技术理解能力、良好的心理素质、良好的身体素质、良好的文化素质、良好的执法风貌等,才具备成为一名优秀裁判员的基本前提和条件,否则,只能是一名裁判员,而不能称为优秀裁判员。

随着我国综合国力的不断增强,国际地位也有了提高,健美操裁判执法国际比赛的机会也有了显著增加。但是,由于裁判员的来源往往是体育专业学生,其存在着文化基础较弱、英语水平较差的问题,这就对其裁判级别的提升有着较大的限制作用,同时,也对其在国际上的执法和发挥有着非常不利的影响,因此,这就要求裁判员,尤其是国际裁判员必须把英语学好,如果不懂英语很难走出去,即使有机会担任角色,也会因不懂语言而放不开,从而对裁判水平的发挥产生直接影响。由此可见,学习、掌握、应用英语的能力是非常重要且必要的。因此,对裁判员进行英语培养和培训,使其在打下扎实的英语基础的同时,能够逐渐熟练掌握裁判术语、临场用语和日常会话,使其口语表达能力得到有效提升,为临场裁判能力的发挥奠定重要基础。

裁判员的临场风度对于其裁判能力的发挥也是非常重要的,

而这一重要素质是可以培养的,但需要注意的是,这一培养和训练过程必须是有意识且长期的。具体来说,首先要树立良好的自信心,自信是裁判员临场风度的精神支柱。其次要培养良好的仪表。裁判员的体态、着装、坐、站、走、跑,都能够将裁判员气质与风度充分体现出来。除此之外,还要培养良好的举止。规范、大方、自然、美观、果断、有力的手势,是增添临场裁判员风采的重要因素。

二、对健美操裁判员的学习培训进行合理安排

健美操裁判员必须不断进行相应的学习和培训,以便不断更新和掌握最新的知识和竞赛动态,为更好地发挥裁判能力奠定良好的基础。具体来说,应该从以下几个方面着手。

(一)要对竞赛规则的学习进行重视

健美操竞赛规则是裁判员执裁的准则。裁判员要想做好比赛的组织工作,并且及时正确地对运动员的场上行为作出评判,就必须熟练掌握裁判规则。竞赛场上的局势瞬息万变,项目表演速度非常快,要在 1 分 30 秒或 1 分 45 秒的时间内完成几十个动作,这就要求裁判员在转瞬即逝的快速表演中,对运动员的每一个动作都能清晰看到,并且及时捕捉运动员的错误动作,迅速作出评判,这就要求裁判员必须具有扎实的健美操裁判知识,熟练的临场裁判技巧。因此,一定要对裁判规则的学习加以重视,并且对规则和裁判法进行深入研究,做到灵活运用。

(二)要对自身的裁判意识加以强化

裁判员的裁判意识是在平时的工作实践中逐渐积累形成的,这对于其裁判能力的发挥有着非常重要的影响。裁判规则中,对动作的规格,难度动作的等级,演练水平,以及在练习过程中经常出现的错误动作,都有非常详尽的规定。因此,要通过各种方式和途径进一步强化裁判员的裁判意识,与裁判规则结合起来学习

健美操技术。与此同时,裁判员还要明确规则的各项要求,这样有助于健美操套路的欣赏水平和识别动作的能力的提升,除此之外,还能在潜移默化的过程中熟练掌握裁判知识。

(三)要对健美操的竞赛动态及时了解并更新

任何事物都是在不断发展变化的。对于健美操这一竞技运动,不管是技术还是竞赛规则,都会不断发展和完善,这就要求通过举办裁判知识竞赛或聘请健美操资深专家等方式和途径,来开展健美操规则和裁判法相关的专题讲座,由此,能使裁判员对健美操竞赛前沿信息及时加以了解,对健美操的发展动态能有及时的了解,在视野上也有所拓展,从而在赛场上能够更加游刃有余地发挥出应有的裁判水平。

三、通过加强社会实践来有效提高裁判员实际工作能力

竞赛规则是裁判员执法的重要依据,而仅仅了解和掌握这些知识是远远不够的,最终还要将其灵活运用于竞赛的实践中。裁判实践能力,就是将裁判员所学到的理论知识在裁判工作实践中加以运用的能力,可以说,这是一项临场执裁时快速的应变能力,其能够在一定程度上反映出处理意外突发性问题快速准确做出合理决定的能力。积极培养健美操裁判员的实践能力,不仅有助于裁判员健美操专业理论知识运用能力的提高,还能使其分析问题和处理问题的能力得到改善。因此,要将理论知识变为实践运用能力,必要的社会实践是不可或缺的。

积极组织参与实践演练。裁判员在对健美操裁判知识有了较好的掌握并且有了一定的执裁经验之后,就需要在比赛的实践中进行临场操作,从而使其裁判工作能力和水平得到进一步的提高。通常,可以采取组织参加健美操教学比赛的形式促使教练员参与实战演练。教学比赛能够对裁判员执裁心理素质进行有效

锻炼,并使其裁判能力得到进一步提高。通过临场裁判学习与实践,能够使裁判员敏锐的观察力得到锻炼和提升,评判动作的反应速度得到提高,进一步积累裁判经验,最终达到有效提升裁判能力的目的。

四、加强裁判员的监督和管理

在聘请裁判员方面,一定要做好保密工作,并且要注意在健美操比赛期间,保证裁判员与参赛队之间是隔离的。亲属和本人教学训练的学生则要注意回避。

在裁判员的管理上,组委会要发挥其职能,将裁判员有效评分顺序电子共享档案建立起来,同时,还要对有不良记录或有效评分排序名次屡屡列后的裁判员实行教育、停用、降级使用、直至取消裁判资格,从而使外界因素的干扰得到有效避免[①]。

五、加大裁判员实践能力的考核比重

对裁判员实践能力的考核主要包括两个方面,一个是要对裁判的基本理论知识进行考核,使其能够熟练掌握;一个是对裁判员实践裁判能力的考核。通过对学习态度、业务能力和执裁能力等方面的综合评定,让裁判员根据自身的具体表现进行自我评价和相互评价。在此基础上,还要组织裁判员进行相关专项讨论,提出建设性意见。

六、注重裁判员临场执法心理素质的培养与提升

(一)个性心理素质的培养

裁判员要想培养和提升其个性心理素质水平,需要满足以下

①　侯继来,田秋玲,张亚武.影响健美操裁判准确性的因素及其对策研究[J].搏击(体育论坛),2009,1(05):58+63.

三个方面的条件。

1. 正确的动机和信念

动机和信念会对人们的行动产生内在的激励作用。对于健美操裁判员来说,如果其在健美操事业上没有正确的动机和信念,不热爱健美操事业,那么他也不可能成为一名优秀的裁判员。可以说,一个优秀的健美操裁判员,首先必须是对健美操有正确的信念,热爱健美操事业,并且能够产生积极的精神,具备相应的事业心。

2. 具有高度的责任感

责任感是特殊情感中的一个方面,其会对意愿产生驱动力,与此同时,责任感对于裁判员消极情绪的克服也能产生积极影响,从而使其产生良好的振奋感。

3. 和谐的人际关系

人与人之间的和谐关系,主要表现为"谦虚、谨慎、团结、协作"。因此,对于裁判员来说,其在工作中要互相尊重、互相支持和互相配合,要为运动员的良好思想提供良好服务。

(二)良好意志品质的培养

裁判员的意志品质会对其临场执法的实践产生非常大的影响,因此,培养起良好的意志品质是非常有必要的,具体从以下几个方面着手进行。

1. 集中注意力

由于裁判员需要在健美操比赛的现场,在很短的时间内对运动员的表现作出判断,并临场打分,再加上健美操本身有着动作难度大、运动节奏快、旋转变化多的特点,运动员的各种表现和赛场环境的复杂等,对注意力的集中程度有着非常高的要求。同时，裁判员要具有非常强的抗干扰能力，这对于其快速、有效的裁决是有所助益的。

2. 工作准确性

"严肃认真、公正准确"，这是对裁判员职责最重要的要求。裁判员的裁决结果，直接决定着运动员比赛成绩的好坏，因此，就要求裁判员必须做到判罚准确无误。要做到这一点，需要裁判员在临场实践中注意建立视、动觉等多种感官的协调能力，力图在各种情况下，及时正确地获得动觉信息，从而使判决的公正性和准确性得到保证。

3. 保持公正性

裁判员裁判工作的核心就是公正，这也是裁判员必须具备的诸种条件中的首要条件。需要注意的是，公正不是绝对的，而是相对的。具体来说，在纠纷与利益交织在一起时，裁判员会受到内在和外在的各种干扰和压力，如果经受不住压力，就会失去引以为荣的品德和尊严。

（三）稳定情绪的培养

情绪是人心理活动的一种表现，"紧张"正是情绪两极化的表现之一[①]。有些人平时做裁判还得心应手，但一到关键的重大赛事就会非常紧张。这就要求裁判员一定要具备稳定的情绪，遇事保持沉着冷静，不慌不乱地处理好发生的事态，从而能够很好地评判一场比赛。

总的来说，裁判员能力的培养不是一次就能完成的，必须经过千锤百炼，不断学习、观摩、总结。

---

① 王晓. 关于影响健美操裁判员临场执法心理素质及培养探讨[J]. 南京体育学院学报（社会科学版），2002(06)：98-99.

第八章 新时代健美操创编人才的培养与发展研究

在健美操运动的发展中,健美操的创编也是非常重要的一个部分,对健美操运动的发展创新有着积极影响。因此,健美操创编人才的培养也是至关重要的。本章主要对健美操创编人才的基本素质、职业技能,以及当前健美操创编人才能力培养中存在的问题、培养优化和创新发展的重要举措等加以剖析和阐述,由此,能够在充分了解新时代健美操创编人才基本信息的基础上,进一步促进健美操创编人才综合素养的提升与发展。

第一节 健美操创编人才的基本素质

一、知识方面

(一)健美操相关知识

健美操创编者思维的发散与创新,是在很大程度上受到其综合知识水平的影响的。作为创编者,一定要积极努力地去学习,尽量通过学习来获取一定的专业知识和相关的经验,这样能有效丰富和充实自己的头脑。健美操的创编者,除了基本的学习、掌握和研究本专业的知识,与健美操相关的其他专业知识也是应该涉及的重要方面,因为这些知识会对健美操专业产生不同程度的影响,也一定程度上便于借鉴吸取其精华为本项目所用。创编者要想在专业上有进一步的造诣和创新发展,就必须通过各种方式来使自身的综合知识水平得到提高,使自己的知识结构更加丰富、合理。

(二)创编知识与创新方法

健美操创编者所从事的创编工作包含的内容非常丰富。包含健美操在内的难美技能类项目的创新,是创编者应该掌握的重要方面,而其中的关键部分就在于创编原则与创新方法。创编者所掌握的创编原则与创新方法会对创新活动的进行产生直接影响。这里要强调的是,技术创新并非是凭空出现的,而是在原技术的基础上遵循一定的创编原则而实现的,因此,任意编造的行为是不允许的。而创新方法,则能有效保障创新活动的顺利进行,并且创新的结果也会因此而不会太差。

(三)对发展趋势的把握

对于创编者来说,在创编健美操成套动作时,首先要做的就是对健美操的一些基本情况加以了解,如了解其发展状况、创编理念及最新潮流。同时,还要对健美操这一运动项目的变化与发展规律有深入的探索和研究,借助于丰富的学识与逻辑思维能力,对未来的发展趋势进行科学地预测和推断,对创编艺术的发展趋势与方向有准确的认识,这对于进一步创新创编成果、引领时代潮流是非常有帮助的。

(四)创编素材的积累

创编者要完成健美操的创编工作,首先必须对健美操的基本动作有熟练的掌握,这是基本要求。不仅如此,还要通过不断的学习来将不同形式的动作都熟练掌握好,了解并掌握健美操相关的舞蹈或者武术等方面的知识与技术动作,这些知识、技能的理解和掌握,能够为健美操创编的进行提供充足的素材,并且能够借鉴相关的经验,使自己的资源库不断得到丰富和充实,使综合性知识的积累更加丰富多彩,从而为健美操创编过程中的创新奠定坚实的基础。

二、技能方面

(一)健美操运动技能

在创编过程中,健美操创编者首先必须熟练掌握健美操的相关技术动作和技能,并且能够对相关的技术、技能、技巧加以熟练应用,同时亲身体验不同的技术动作,可以说,这是了解和掌握健美操运动动作技术特征的前提条件和重要基础。否则,创编者的创编活动就成为一种盲目的行为,没有针对性,即使创编出一定的作品,也无法使参与者感受到健美操的魅力,更无法与创编者产生共鸣。

(二)语言与肢体的表达能力

在健美操创编过程中,由于创编者是要与接受者进行交流和沟通的,因此这就需要用到语言与肢体的表达,并且要求表达要准确、清楚。只有这样,才能使构想、意图在被接受者充分理解和产生共鸣的基础上,通过自身的动作技能和表演形式充分表现出来。因此,表达能力是健美操创编者应该具备的重要素质,并且在语言和肢体上都要有所体现,这样创编客体就能够将创编者的所有信息都毫无障碍地接收过来,将健美操的技术和艺术魅力淋漓尽致地展示出来。

(三)信息的获取、分析与运用技能

在健美操创编过程中,创编人员必须具有非常强的信息能力,这是非常重要且不可或缺的。具体来说,所谓的信息能力,就是借助于不同的方法和手段,将有价值的新信息、新素材搜集起

来,并对这些信息和素材加以整理或加工,从而使其得以应用。

获取信息和情报也是健美操创编过程中非常重要的一个方面,具体来说,要将吸收本运动项目领域内的各种情报信息作为关注的一个重点,同时,也不能忽略掉其他的信息与情报,尤其是其他运动项目领域和其他学科领域方面,仍然会对健美操的创编产生重要影响。某种程度上来说,信息的获取、分析与运用方法的掌握对创新起到重要的影响。

（四）创新方法与手段的运用能力

创新是事物发展的原动力。因此,在健美操运动中,创编者的创造性和创造力是无与伦比的。具体来说,创造性是健美操的生命,创造力则是创造性通过主体的相关活动所表现出来或发展起来的各种能力的总和。可以将创造力分为两种类型:一个是思维能力,一个是创造性技能。

在某种意义上,健美操的创编过程,实际上也是其在各个方面加以创新的一种行为。创新方法与手段的合理运用在健美操的创编过程中都有着广泛体现,比如,这体现在动作技术的创新、过渡与连接的创新、配乐的创新及手段利用辅助能力等方面的创新。健美操创编者要将其作为健美操学习的一项重要专业技能来发展。

三、实践经验方面

（一）健美操教与学的经验

对学生学习情况的了解,有利于创编者更好地实施创编工作,而做到这方面要求的基本前提则是对健美操学习与教学的实践经验的积累。在健美操教与学的过程中,要对该过程中应该注意的问题加以关注,使主客体的磨合时间尽可能地缩短,使创编者在对教学方法和测验进行思考和探究时,能够从学习者的角度出发,从而使信息提供、接受、反馈的渠道的畅通程度更加理想。除此之外,创编者教与学的经验积累程度也会影响到其创编能力的高低。

（二）独立创编经验

对于健美操创编者来说,其创编能力在整个创编活动中都有所体现,可以说,其是从不断的创编活动中不断实践、总结而来的。某个人所具有的某个方面的能力,必须得在其从事相关活动的过程中才能体现出来。同时,人的才能能够得到充分发挥,并且在各种因素的促进下进一步发展,是离不开实践活动的,否则,人的才能只能是一句空话,毫无意义。

需要重点强调的是,创编能力的发展与提高并不单单指直接经验或者间接经验的某一个方面,而是两者共同积累而逐渐形成的过程。创编主体的实践经验是非常重要的,创编者创编行为的实现是需要创新思维和实践体验的。可以说,健美操创编者创编能力的发展直接受到独立的创编经验的影响。

四、心理方面

（一）动作与音乐的感知觉能力

能力的发展是需要在一定的生理与心理素质基础上实现的。对于那些学习健美操的人来说,其在动作与音乐的感知觉能力上产生差异性的主要原因在于遗传等因素。除此之外,创编能力发展的差异性也归因于此,这在很多方面都有所体现,比如,对动作的观察、注意细致程度,身体上的灵敏感受和对音乐的感悟等。对于健美操创编者来说,其敏锐的观察力和灵敏的感觉能力能够将动作与音乐中更本质的东西更加准确、及时地捕捉到。通过不断的培养,也能有效提高健美操创编者动作与音乐的感知觉能力。

（二）创造性思维能力

关于能力,有广义和狭义之分。其这里所说的能力是指狭义上的能力,即人们能成功完成某种活动所需的、并直接影响活动效率的个性心理特征。创编过程中的创造性思维能力是非常重要的能力之一,其在创编能力中是处于核心地位的。从某种程度上说,创造性思维能力对于健美操的创编有着非常重要的意义,创编能力就是在此基础上发展起来的,同时,创编实践也为创造性思维能力的提升提供了场所[①]。可以说,创造性思维的存在形式是非常高级的,即为人类思维的最高形式,因此,可以将其认为是构成创新能力的最重要的因素。创造性思维包含的能力是多方面的,其中,最主要的有想象力、多向思维能力、联想思维能力、灵感思维及其捕捉灵感的能力等。

第二节　健美操创编人才应具备的职业技能

健美操有教学组合动作和成套动作之分。教学组合动作是进行健美操练习常用的一种形式。在健美操的教学训练过程中,都会涉及到教学组合动作这一重要内容,这也是大、中、小学体育课教授的和初学者需要熟练掌握的重要内容。

一、健美操教学组合动作的创编

（一）健美操教学组合动作的类型

由于在教学组合动作所选内容的特点和性质上的不同,健美

---

① 查春华,谢黎红,张夏榕. 对健美操创编者能力要素构成的分析[J]. 北京体育大学学报,2006(06):859-861.

操教学组合动作的类型有两种,即单一型组合动作和综合型组合动作,具体如下。

1. 单一型组合动作

单一型组合动作,就是将同类的单个动作通过不同的形式,按照一定的规律加以串联的练习,其主要目的为巩固和提高某一类动作技术。在健美操中,属于这一类型的组合动作有很多,比如,将髋部动作的顶髋、提髋、绕髋和绕环髋等动作按一定的节拍和次数组合而成髋部组合。要强调的是,也可以将一些简单动作应用于单一型组合动作中,这样就能将动作有机连接起来了,但是这样做需要注意,一定要将主要的动作突出出来。

2. 综合型组合动作

综合型组合动作,就是将不同的肢体和技术动作类型通过科学的编排,而形成的教学组合动作。综合性组合动作的创编,其主要目的就是更好地巩固和提高类型各异的动作技术水平和动作连接技术水平,使学生对不同动作的变化都有较强的适应能力。健美操中属于这一类型的组合动作也很多,较为典型的是将上肢和躯干不同姿势动作再配合下肢的一些简单动作组成的组合练习。

(二)健美操教学组合动作的编排特点与要求

1. 针对性

在健美操教学组合动作的创编过程中,创编者要以教学内容和教学阶段的需要为依据,选择学过的和已掌握的单个动作和基本动作,来保证创编的目的性和针对性,从而达到熟练、协调、连贯地掌握各种类型的身体动作技术和发展某种身体素质,为编排成套操动作打基础的目的。

2. 重复性

创编者在进行健美操教学组合动作的创编时,这些基本动作应在组合中多次重复、反复出现,这样才能使已学过的单个动作和成节操的动作得到进一步的巩固和提高。

3. 集体性

由于教学课人数多、课时短,进行教学组合动作练习时,通常采用集体练习的形式。编排时考虑的集体练习的方式主要有两种:一种是站成体操队形,站在原地或有简单的身体位移,但没有队形变化的练习形式,这种方式的优势在于可以全班一起进行练习;另一种是有队形变化的集体练习的形式,这种方式可以分成6人一组或12人一组进行练习,这种练习形式往往应用于在教学的提高阶段,能达到进一步培养同伴协调一致的。

4. 音乐的节奏鲜明性和完整性

健美操中的音乐非常重要,学生节奏感的培养也至关重要,因此,这就要求进行组合练习时都应有音乐伴奏,不同类型的身体动作的组合所用的音乐节奏和旋律不同。一般来说,在编排教学组合动作时应选择那些节奏鲜明、快速、激情、容易理解、学生熟悉的乐曲,以便更好地掌握音乐节奏去完成组合练习;同时,编排动作时要对乐句的完整性和乐段的完整性进行充分考量。

二、健美操成套动作的创编

创编健美操成套动作,首先要明确创编的目的和任务,即明确是为谁编操,编什么样的操,是健身还是竞技。

(一)健身健美操成套动作的创编

增进健康,培养正确的体态,塑造美的形体,陶冶美的情操,是健身健美操总的目的和任务。但是,如果具体到创编某一套操,其目的和任务也是不同的,这也就决定了创编的要求也有所差别。

1. 健身健美操成套动作的创编原则

(1)全面性原则

全面发展身体是进行健美操运动锻炼的主要宗旨。因此,这就要求在从事健身健美操运动创编时,一定要遵循全面性原则。在创编健身健美操成套动作时,一定要有针对性地选择相应的内容。一般来说,所涉及的动作应包括头颈、上肢、下肢、躯干各部位的动作。除此之外,还可以对走、跑、跳、转体、波浪、造型等各种不同类型的动作进行选择,依据就在于实际需要。在对动作进行设计时,要讲求对称性原则,也就是要保持动作结构的对称性,这样非常有益于身体均衡、全面的锻炼发展的实现。

(2)针对性原则

在创编健身健美操时,除了要遵循基本的全面性原则外,针对性原则也是不可或缺的重要原则之一。具体来说,就是要针对健美操的实际情况、特点和需要来加以创编,保证创编的科学性、目的性和实效性。在健身健美操创编过程中坚持针对性的原则,主要从现任务、因人而异、因地制宜三个方面得到体现。具体来说,针对现任务的创编,是指为了完成多个不同的锻炼任务而将不同类型的健美操相应动作的选择和量确定下来;因人而异地进行创编,就是根据个体的客观条件和对健身健美操的需要、爱好及接受能力进行创编;因地制宜创编就是要针对场地、器材等实际条件进行创编。

(3)合理性原则

健身健美操动作编选、动作顺序设计和运动负荷安排的合理性,在很大程度上决定了该成套动作锻炼的功效,由此来讲,合理性原则是体现健身健美操科学性及能取得锻炼实效的一项重要原则。健身健美操成套动作的创编遵循合理性原则,首先体现在动作顺序的合理设计上,以人体运动的生理规律为依据,可以将一套健身健美操成套的编排结构可以分为准备动作(热身部分)、基本动作、结束运动(也称整理或放松动作)三个部分,每个部分都有其各自的合理内容和要求。其次,在动作的恰当编选上也有体现,健身健美操的动作对身体有益这是无疑的,但对身体的影响方面和程度会有所差异,这主要是由于健身健美操的每节操的锻炼侧重点不同。除此之外,合理性原则还体现在运动负荷的科学安排上,健身健美操的运动强度与其种类是没有关系的,只要与健身指标区的要求相符即可,与此同时,还要保证所安排的运动负荷也要符合人体运动合理的生理曲线要求。

(4)艺术性原则

健美操本身就是身体锻炼与形体艺术的结合体,与艺术体操、花样滑冰等艺术成分较高的体育项目一样,其本身的艺术魅力是非常突出的,对广大练习者全身心地投入运动有着很强的吸引力。在健身健美操的创编过程中遵循艺术性原则,是健身健美操创编中应遵循的一个体现健美操特点的原则。

对于健身健美操来说,其创编的艺术性原则体现在很多方面。首先,体现在音乐的选配上。这方面要求所选择的音乐必须能与健美操的各个方面都能融为一体,除此之外,健美操是健、力、美的统一体也是需要关注的重点,同时对美与力的结合是非常重视的。其次,艺术性也体现在健身健美操动作设计上,创造性的动作设计要满足新颖、独特等要求,并且按照健身健美操的特点,将体操及舞蹈动作有机结合起来,再对其进行创造,这要求所设计的动作必须能够突出"操"的显著特点。

2. 健身健美操成套动作的创编方法与步骤

健身健美操成套动作的创编并不是随意的,而是按照一定的步骤和程序进行的,具体如下。

(1)确定目的任务

就是将所创编的操的类型、内容等方面确定下来,同时,还要明确创编的目的、任务和要求。

（2）明确对象，拟订编操方案

首先，要明确对象，即明确对象的各种具体情况，如客观条件、技术水平和运动配套设施等，使创编健美操的目标受众的问题得到妥善解决。

健美操的创编是需要按照一定的方案进行的，一般情况下，这种方案中涉及的内容有：健美操的基本情况和全套操的基本情况与特殊要求等。

（3）确定操的风格、设计动作

风格，实际上就是特色、鲜明的个性特点。整套健美操的风格确定下来之后，就要进一步深入地设计其中每一节动作。同时，也要注意这些节动作的风格要与操的整体风格相统一，切忌出现一套动作中风格各异、不协调等的情况，否则，就只能说明这次的创编活动是失败的。

（4）确定选配音乐

音乐是健美操的灵魂，因此，就要求在创编过程中进行乐曲的选择时，一定要保证音乐各个方面是统一协调的，包括其节奏、旋律、风格、动作等方面。一般情况下，可以通过三种方式来进行音乐的选配：选好乐曲→按照音乐设计动作；编好动作→请专家谱写乐曲；编好动作→选乐曲。

（5）确定成套动作的组织编排顺序和运动负荷

在组织和编排成套动作时，并不是随意而为的，是需要按照一定的顺序进行的，这方面需要遵循由易到难的总原则。具体的流程为：先做一节热身动作或伸展运动，做好热身活动后，紧接着要安排身体各个部位及全身、跳跃等运动内容，最后要做的就是整理运动的安排。

需要强调的是，要重点关注一下在统一各节动作的基本姿势和连接方法。尽管一般的健美操创编要按照这样的顺序、遵循相应的规律进行，但是，这也不是绝对固定不变的，要具体情况具体分析，并且据此进行适当调整。在安排成套动作的运动负荷时，为保证其合理性,也要遵循由小到大、逐步上升、再逐渐减小的规律。

（6）记写成套动作

在创编好健美操之后,就需要按照相应的顺序和内容及时记写下每节操的图解和文字。

第一,将每节动作的具体情况明确写出来。

第二,绘制动作简图。

第三,记写动作说明。

第四,记写做操应注意的事项。

（7）实验和修改

在进行实验之前,必须先制定出相应的实验方案。在方案的指引下进行实验,同时,还要将实验的具体内容确定下来。这里要重点强调的是,选择的实验对象要有代表性,注意多方面收集意见并加以修改,可以采用实验调查表用于记录各种情况。

（8）定稿和推广

推广之后,要对做操效果的反馈进行收集,从而为下一次编操积累必要的资料。

（二）竞技健美操成套动作的创编

提高运动技术水平,比赛是竞技健美操总的目的和任务。这就要求在创编竞技健美操成套动作时,不仅要与一般健美操编排原则相符,还要与健美操竞赛规则和特殊要求相符。成套动作的完成必须是在时间短、节奏快、动作多、变化多和强度大的情况下实现。因此,对于这种运动具有较高接受度的通常是有一定身体训练水平的人。

1. 竞技健美操成套动作的创编原则

（1）针对性原则

第一,创编要针对规则的要求进行。在进行创编之前,要对规则的要求加以了解,特别要了解的是规则所设项目的时间、竞赛要求、特定要求及违例动作的规定等方面,从而使编排方面的重大失误得到有效避免。

第二,创编要符合项目特点。竞技健美操的比赛项目主要有男子单人、女子单人、混合双人、三人和集体六人。这些项目特点各异。这就要求在进行成套动作的创编时,要对其整体性加以强调,讲究队形画面的对称、立体或均衡,同时还要注重成套动作造型全景的效果。

第三,创编从运动员的特点出发。一般的,可以将竞技健美操大致归纳于个性化的比赛项目的范畴。由于运动员在身体条件、技术水平等方面都有所不同,因此,必须以此为依据来创编出与之相适应的不同风格的操,这样才能将运动员的优势发挥出来,也通过相应风格的操将其独特的风貌展现出来。

（2）创新性原则

参赛或表演,是创编竞技健美操的主要目的所在。竞技健美操的发展得益于创新,因此,做好创新工作,就会对竞技健美操的发展起到推动作用。竞技健美操的竞赛结果,往往会与成套操创新编排得新颖独特与否有着密切关系。竞技健美操创编的创新,可以从健美操的各项内容中着手进行,比如,动作、连接、难度、队形、配合和音乐等。但是不管如何创新,都要首先进行动作创新,并要做好这一部分的工作,因为这作为基础性的创新,会对其他方面内容的创新产生影响。

（3）全面性原则

竞技健美操锻炼的根本目的在于全面发展身体,在创编过程中,全面性原则是必须遵循的重要原则,其成套动作主要是全面发展运动员的力量、柔韧、灵敏、耐力、协调等身体素质。此外,其难度动作、操化动作和不对称动作也是需要大力发展的。要求在进行动作设计时,要将两个方面作为重点:一个是巧妙的连接过渡动作,一个是促进身体全面发展的动作,由此,能够使锻炼者的协调性和灵敏性有所提升,身体的发展也会保证全面性。

（4）艺术性原则

作为一项体育竞赛项目，竞技健美操的艺术性特点也是非常强的，其竞赛评判中对成套动作艺术性方面的要求比健身健美操的创编要求对艺术性原则的重视程度要更高。具体来说，其在整体结构设计、队形设计及音乐选配上都有充分的体现。

2. 竞技健美操成套动作的创编方法与步骤

在创编竞技健美操成套动作时，需要采用的方法和按照的步骤主要有以下几个方面。

（1）创编前的准备工作

第一，对竞赛规程和比赛规则加以理解并熟练掌握。

第二，收集相关的专业资料，了解当前竞技健美操发展的动态和趋势。

第三，对竞赛项目的特点进行分析研究。

第四，了解并掌握运动员的个性特点和身体素质状况。

（2）设计总体方案

第一，要将运动员成套动作的难度类型和数量确定下来。

第二，要以项目和运动员的特点为依据将竞技健美操的风格确定下来。

第三，要做好总体结构设计与音乐的选配工作。

（3）分段创编动作

拟定好总体方案之后，要按照竞技健美操创编的原则，开始逐步逐段地创编动作（包括难度动作、连接动作和特殊要求）。按照方案创编动作时，也要遵循实事求是的原则，并且对动作和队形进行适当修改、补充。除此之外，还要做到一边创编，一边练习，一边修改，使成套动作得到进一步完善。

（4）成套动作练习与修改

分段创编结束后，成套动作就大致确定下来，下面就需要对全套动作进行尝试性的练习了。这样能起到较好的对创编效果的检查作用，并可以此来完善创编工作。只有在成套动作练习时,才能清楚其创编的效果,所以,一定要重视检查后的修改。

(5)撰写文字说明与绘图

撰写文字说明与绘图的主要目的在于长期保留、教学、研究、交流、出版。

(三)表演性健美操的编排

表演性健美操,实际上就是具有显著展示性与观赏性特点的健美操形式,其能使人们的业余文化体育生活得到进一步的丰富和充实。在创编表演性健美操时,不仅要抓住健美操的本质特点,还要使其内容得到进一步的丰富。

1.表演性健美操的类型

(1)展示健身功能类健美操

属于这类表演性健美操范畴的健美操主要有:健身健美操、踏板操、搏击操等。在创编这类健美操时,一定要高度重视其本身特点的动作,充分展示出动作本身给身体带来的作用,其精华部分则要尤为重视。

(2)展示艺术美类健美操

从表演性健美操中,能够充分体会到健美操的人体美、健康美、韵律美、动感美、活力美、愉悦美,以及美好的生活与生命的力量美。由于展示艺术类健美操有着非常大的表现空间,因此,能够将这些美综合起来,并通过我们能想到的任何方式去展示出美。

(3)展示技巧类健美操

在编排表演性健美操时,一定要按照实际需要采用具有相应难度的动作或者其他技术性较强的动作,以此来使表演性健美操的观赏价值得到保障。

2.表演性健美操的创编原则

(1)展示健美操的项目特点

健美操特点显著且涉及多个方面,比如,动作的流畅、衔接的合理、具有强烈的律动感等,其中,尤为突出的当属动作的弹动性与特有的形态两个方面。弹性的表现途径为膝、踝的协调屈伸,对于健美操来说,锻炼者的动作力度和躯干本身的挺拔、清晰也能从本质上将健美操动作的特点表现出来。在创编表演性健美操时,要尽可能地保持住这些特点,同时也要保证主体部分不变,在此基础上,适当加入一些别的动作是允许的。

（2）以音乐为灵魂

音乐是健美操的灵魂,合适的音乐能为健美操动作本身带来活力。如果能恰当运用音乐,那么就能够将表演者及健美操本身的魅力充分展现出来。音乐对创编者来说至关重要,其能为创编者带来广阔的天地与灵感,但是,如果运用不当,所产生的效果也是非常负面的。因此,在创编当中,就要做到准确地表达音乐带来的那份激情,如果已经满足了掌握音乐知识和具有足够的设备支撑这两个条件,就可以按自己的意愿创编出需要的音乐。然后,就进行动作的创编,以此来将动作与音乐完美结合在一起,发挥出应有的效果。

（3）多样性

表演性健美操的主要特点就是具有较强的观赏性,通过变化、冲突、优美、移动等来吸引人们的注意力。动作的多样性,是指在统一风格的基础上,使动作尽可能地新颖、富于变化、形式多样,但是要注意,不能存在过多动作重复的情况。多样性在表演性健美操的很多方面都有体现,比如,动作及空间的利用、节奏的变化、人员的组织与调动、移动路线等。

（4）强烈的艺术性

艺术性是健美操的主要特点之一,这对于表演性健美操来说更是首要目标,这就要求创编者尽可能地在把握健美操特点的前提下,尽可能地发挥,通过表演性健美操将健美操的艺术魅力充分表现出来。主题的表现也是一种能够将艺术性表现出来的手段。除此之外,服装、灯光、舞台美术等也是表现艺术性的重要方面,不能忽视。

（5）因人而异

创编者在创编健美操时，一定要对套路接受者负责，就是要使所创编的健美操为套路接受者接受，否则，创编就没有实际意义了。具体来说，对接受者的考虑内容主要涉及身体条件、专业技能、表演能力这几个方面。

3. 表演性健美操的编排方法

在创编表演性健美操时，需要按照一定的方法进行，具体如下。

（1）整体构思

如果要创编一套健美操，或者要完成一个健美操表演的任务，首先要做的就是了解最熟悉的健美操项目与自己最有把握的音乐与动作，然后根据表演的要求，在对需要创编的健美操进行总体的反复想象清晰的想法的指引下，就可以进行具体的操作了。

（2）选择剪接音乐

以整体构思为依据，有目标地选择音乐。在选择音乐时，首先要保证这是一首能打动人的音乐，能够激起想象与灵感。之后，就需要反复地聆听这首音乐，对它进行整体与部分的充分感受。并且根据具体情况来具体划分音乐的段落，赋予音乐不同段落的计划性特点。再之后，如何使这些段落衔接与过渡，使它们衔接得自然、流畅、有特点就成为重点考虑的内容。最后，就可以借助于现有的设备来进行剪接与编辑音乐的工作了。

（3）设定动作与表演动作

在对心仪的音乐进行剪辑之后，就需要反复分析并据此来设定相应的动作了。那些有代表性的、风格明显的动作是首要选择。然后是选择主体动作。要注意，所选择的动作要与之前选定的音乐段落相对应。

（4）分段组装成套

前几个步骤完成之后，就需要按段落的先后顺序来加以组装了,还要注意加入一些特殊的动作,这样最终就形成了一套完整的套路。

(5)修改

套路形成之后,并不是万事大吉了,还需要进行反复审视,并适当调整和修改不合理或不完美的地方。在这一程序结束之后,才可以最终定稿。

第三节　当前健美操创编人才能力培养中存在的问题

一、采用的教学方法传统且单一

在健美操创编人才能力的培养过程中,教师起到积极的主导作用,其自身的素质和教学能力对创编人才产生非常直接的影响,可谓极其重要。通过相关调查发现,每个创编人员的个体性特点方面都是有所不同的,这就决定了不同创编人员对相同的教学内容学习的效果也是不同的。创编人员的健美操创编教学方法有很多种,但是,由于受到传统教育的束缚,很多教师所采用的教学方法仍然是较传统的,并且只是单纯地把动作传授给创编人员。创编人员只能按照这些方法进行模仿,这就将创编人员的主观能动性忽略掉了。另外,教师在针对创编人员的个体差异来因材施教,区别对待进行教学安排方面,做得还不够好。这样,往往就会导致课堂枯燥乏味、不新颖、过于死板,长时间保持这种状态,就会对创编人员的好奇心和新鲜感产生影响,不利于创编人员学习兴趣的保持和激发。因此,这就要求教师应具有发展性思维,紧跟时代步伐,学习先进的教学方法,围绕着练习者各项素质能力,与现代技术设备相结合来对创编人员的健美操创编能力加以培养和提升。

二、专门性评价健美操创编能力方面较为欠缺

当前,体育教育专业健美操课程创编人员成绩评价涉及的内容是非常多的,这就将其多样化、全面性与系统性特征体现了出来。但是,通过进一步分析和研究发现,目前体育教育专业健美操课程创编人员成绩评价内容上仍然存在不足之处。大部分的教师没有在评定健美操课程成绩的过程中关注到创编人员的健美操创编能力,这也表明了教师在这方面的不足和欠缺。

三、健美操创编理论基础薄弱

健美操本身作为一项技巧类运动项目,包含着体操、音乐、舞蹈、美学等不同元素。音乐的参与,使健美操可以归于有氧运动的范畴,具体来说,其通过动作练习的方式和手段,能达到塑造形体、增进健康、陶冶情操的目的;同时,健美操也可以作为竞技项目而存在,"健、力、美"则为其主要特征。由此可见,健美操的多样性特点,也反映出了其创编理论所涉及的学科也是多方面的,对其创编理论知识的掌握就显得尤为重要。

但调查发现,在健美操创编理论知识掌握与运用方面能达到一般水平的学生只占到总数的一半,由此可见,健美操创编理论基础知识的掌握水平情况并不理想,有待进一步培养和提升。

四、参与健美操创编的意识有待提高

健美操运动的发展过程中,必须要有创新精神的支持与推动。因此,创编出集多种价值于一体的健美操套路或组合是非常重要的,同时,还要体现出其新颖性与独特性特点,充分激发健美操创编能力培养的创新意识是非常重要且必要的。从相关调查中发现,在参与健美操创编情况方面,大部分创编者的积极性都

很低,因此在今后的健美操创编教学过程中,有效地提高创编者的积极性是需要重点关注的方面之一。某种程度上来说,要将创编者创编健美操方面的兴趣爱好充分激发出来,这是非常重要的。因为兴趣是最好的老师,有兴趣才会引导创编者去做相关的事情,才会使相关研究的力度进一步加大,最大限度调动创编者的积极性与主动性。

五、健美操创编要素掌握程度不高

创编要素包含着多方面的内容,比如主要的动作词汇、动作要素、音乐方面素养、音乐与动作的感知觉、理论知识的掌握。从相关调查中发现,创编者对音乐与动作感知能力掌握比较好的人数占比较小,由此可以得知,学生对音乐与动作的结合如果不能很好地把握,则对创编的发展是不利的。通过分析以往教学实践与经验得知,为了使音乐与动作的感知觉这方面的能力能够达到更好地加强,所选择的学习方式必须与创编者的实际和需要相符。

六、缺少参与健美操创编实践的机会

积极参加校内或校外的各类健美操实习、表演、比赛、社会实践等,不仅能使创编者的表演能力和创编能力得到有效发展和提升,还能丰富个人经历,由此为将来就业奠定基础①。然而通过相关调查发现,没有参加过任何健美操校园活动的占到三分之一,参与过 3 次及 3 次以上的也只有三分之一,但其中参与校外实践的机会则相对更少,实践经验非常少。这是不利于创编者专业能力的提升、实践经验的丰富、就业能力的增强的,一定要高度重视。

---

① 金换莉.河南省高校体育教育专业学生健美操创编能力培养研究[D].开封:河南大学,2016.

第四节　新时代健美操创编人才职业能力的培养优化与创新发展

一、健美操创编人才创编能力培养的优化措施

当前健美操创编人才的培养已经称为发展健美操运动的一个侧重点,只有不断创新,健美操才能进一步发展。因此,对健美操创编人员的创编能力进行进一步的培养和优化,具有重要的现实意义和社会意义。要实现这一目标,可以借助以下几方面措施来进行。

(一)教学方式多元化,加大培养力度

由于当前教师采用的方法和方式都较为传统和单一,这就极大地限制了健美操创编人员的培养与发展进程,因此,使采用的教学方式多元化是非常有效的一个举措。同时,在培养力度方面要进一步加大,从而积极推动健美操创编人才的培养进度,尽早将对健美操运动发展的推动力发挥出来。具体措施如下。

1. 运用多媒体教学

当前,教学技术发展迅速,现代化程度越来越高,先进教学技术在体育教学中得到了更加广泛的应用。同时,一些教学技术也起到了积极促进和激励学生视觉、感觉的重要作用,所以,在健美操创编过程中,通过多媒体教学手段的应用,能够使创编人员健美操创编能力得到有效提升。在观摩、讨论的过程中,要注意感受音乐的灵魂所在,还要深入探讨健美操创编的各个方面。组织创编人员要完成的工作主要包括音乐的剪辑、选择等方面。

多媒体教学手段是常用的现代网络设备之一,其在健美操的创编过程中应用较多,能够更清晰地为创编人员提供创编相关视

频资料等。除此之外,这一设备还能为创编人员提供观看健美操相关视频等,能够让创编人员的思维得到进一步的拓宽,使创编人员对健美操创编的理论基础知识有更好地掌握。具体的内容,在这里不再赘述,后面会有详尽论述。

2. 创新教学模式

在培养和教学健美操创编人员创编能力的过程中,要求创编人员首先要对基本技术动作有熟练掌握。在此基础上,对创编人员的专门性能力进行重点培养,使创编人员能够对原套路组合动作进行灵活的应用和调整、修改。具体来说,在对教学模式进行改革和创新时,应该从以下几个方面着手。

(1)在进行健美操创编教学时,要将教师在课堂中的主导作用和创编人员的主体作用都充分发挥出来,并将两者有机结合起来,以此来将创编人员学习创编的积极性充分激发出来,逐渐开阔创编人员的创造性思维。

(2)在教学课堂上,教师可以借助于学生耳熟能详的音乐来让学生去尽可能地完成课堂创编任务,或者按照分组的形式进行健美操的创编工作。然后分组进行表演,最后对各个组的创编成果进行客观、全面地评价,并且将独具特色的作品拿出来作为案例来进行相应的讲评,作为大家的学习榜样。这样不仅能培养创编人员的学习能力和竞争意识,还能互相帮助、共同提高。

(3)教师将课上和课下两种形式结合起来,在健美操教学过程中合理利用课堂有限的时间,进行合理地讲解与练习。同时,安排创编人员在课下以小组为单位,由每组的代表带领每组创编人员进行练习,教师也要定期进行抽查与指导。

3. 列入考试

在健美操课堂教学中,要将创编人员的健美操创编能力放在着重关注和培养的重点上,对健美操课程成绩进行评价。在所要评价的内容中,自编套路组合、自编健美操等方面的内容要有所增加。新学期开始,健美操教师要明确传授给创编人员一个信息:最后的结业考试成绩评定标准,不仅仅是设计平时课堂上所学的大众健美操套路、啦啦操、轻器械操课等这些方面,自编操的考核也是其中一个方面。需要强调的是,在自编操的创编过程中,自己一个人创编或者多人组合创编都是可以的,自编操的风格特点等没有具体要求,但是要注意的是,动作与音乐是必须要达到一致的,在整体上能够达到连贯流畅,编排套路组合需要有造型、队形变换以及练习者间要相互配合。鉴于此,就要求创编人员在平时的健美操创编学习过程中一定要积累动作素材,在多人组合练习时,有针对性地考虑到音乐与动作是否衔接流畅,组合间的相互配合是否完美。

4. 开展自编操比赛

健美操作为校园活动中一个重要的运动项目,受到学生的广泛关注。创编人员健美操创编能力的培养和提升,是离不开实践活动的验证的,比如,多开展比赛,能够使创编人员的身体素质水平有效提升,还能使创编人员之间的友谊增进,最主要的是可以给创编人员提供一个很好的创编实践机会,这对于提高创编人员的学习健美操创编的兴趣和健美操创编意识,开阔创新思维,培养创新意识,更好地培养创编人员的健美操创编能力都是非常有帮助的。

(二)改革考核方式,创新评价过程

在对创编人员的健美操创编能力进行评价时,教师可以对创编人员的健美操动作过程进行现场录像。通过录像回放的形式,有针对性地评价创编人员的健美操创编,并且根据实际情况提出相应的一些建议。在对创编人员的先天性差别因素进行考量时,可以建立一个数据库。具体来说,就是要至少做两次创编人员的健美操创编评价,通过最后一次成绩和前一次成绩之间差值的计算,列出相应加减分值表,采用合适的评价方法,来使评价过程的动态化特点更加凸显出来。

（三）建立完善的健美操创编能力评价体系

当前，由于健美操教师对体育教育专业人才培养目标的认识较为缺乏，从而导致健美操课程学业成绩评价内容体系存在着严重问题，主要表现为不系统、不完善、不合理。健美操作为一项表演实践性比较强的课程，基本上所有的教师都会将该课程的核心教学内容定为基本理论、技术动作训练、套路表演、舞蹈审美这几个方面，并将理论知识、技术技能等作为评定创编人员成绩的标准。然而创编人员仅仅掌握这些方面的知识和方法是远远不够的，还必须对其创新方法以及创编知识加以了解和掌握。因此，这就要求打破传统，改革创新，不断完善评价体系。在教学评价过程中，一定要将创编人员的创新意识、学习态度以及自己创编动作的能力作为重点考察内容。一套完整合理的考核评价体系能够真实有效地反映出教学效果，对教师和创编人员不断的改进和提高，以及教学内容合理有效的实施能起到积极的促进作用。除此之外，这对于提高创编人员健美操创编能力、表演能力、实践能力、审美能力、裁判能力、教学能力与管理能力等都具有重要意义。

调查发现，健美操创编虽然受到理论、技术的影响，但是，专门性的评价也是不可忽视的重要方面。专门性的评价能够对创编人员有意识地进行健美操创编进行积极的引导，从而使健美操创编能力得到有效提升，所以，在确定健美操成绩的时候，要求每人设计并展示一套自编操。由此可见，教师对创编人员的创编实践和评价是非常重视的，这种评价指标的设计会引导创编人员在健美操创编这一块提升自己，这种评价也能够对创编人员实际学习起到重要的导向作用。

（四）加强健美操创编理论基础知识学习

优质的健美操创编是离不开健美操创编理论这一重要基础

的。在健美操创编教学过程中,一定要让创编人员重视健美操创编理论基础知识的掌握。

对于教师来说,在传授有关健美操创编知识时,仅仅"授人以鱼"是不够的,更重要的是要做到"授人以渔",让创编人员在知其然的同时也能做到知其所以然。通过对健美操创编理论知识的熟练掌握,来对创编人员的健美操创编实践进行积极的指导,并在健美操创编实践中,对健美操创编基础理论知识有更深刻的理解与掌握,同时也在健美操创编实践中不断地进行总结或提出新的健美操创编理论。另外,在教师传授给创编人员健美操创编的基础理论知识的同时,还要密切关注健美操创编的其他方面的素养和能力,比如,音乐方面、动作要素方面以及技巧等方面。对于健美操创编人员来说,简单的动作不仅利于及时、熟练地掌握,还能为创编实践奠定坚实的基础,有效锻炼创编人员对这些基本要素的灵活运用能力。但是从实际情况中可以看到,在有限的课堂时间内,创编人员要想大幅度提升其健美操创编能力是基本不可能的,还要依靠教师在教材方面的精选,备课,着重突出重点、难点,将健美操创编相关要素的讲解与实际练习结合起来,在练习上要有所侧重,在健美操创编实践中掌握健美操创编规律,创新方式,把握流行与发展的趋势,争取所达到的效果是非常理想的,能够使创编人员能做到举一反三,灵活运用。

(五)加大健美操创编要素的培养力度

对创编人员的健美操创编能力的培养,涉及多方面的内容,其中,较为主要的有三个方面,即基本动作和技术方面、创编素材方面以及音乐感知觉方面。因此,加大创编人员的健美操创编能力的培养力度,就是要从这三个方面着手来加大培养力度,具体如下。

1.加强基本动作和技术的训练

在健美操运动中,如果动作是优美大方的,那么其往往能够让人感觉到身心愉悦,反之则容易使人反感。如果一个人没有接触过健美操,是不可能完成健美操的创编工作的。因此,这就要求在健美操创编能力培养过程中,一定要加强创编人员对基本动作因素的掌握与学习。

对于健美操来说,不同的动作组合套路是将健美操各种各样的手臂动作和基本步伐通过各种排列组合设计到一起而形成的,具体的不同会在动作、音乐等方面都有所体现。一般的,如果创编人员在健美操的基本动作方面能做到熟练掌握,那么,教师就可以根据其自身水平和特点来为其安排一些动作的编排工作,然后逐渐过渡到组合套路的创编。

2. 加强创编素材的积累

健美操创编人员是在一定灵感的指引下实现创编行为的,而灵感则来源于生活和大量的健美操素材。健美操创编人员在创编过程中学习到的知识是有限的,这些无法使创编人员现在的健美操创编需求得到较好满足,因此,就要在健美操素材的积累方面进一步加强,从而更好地培养其健美操创编能力。在健美操创编过程中,健美操创编人员所创编出的组合套路的新颖独特性,取决于其素材的丰富程度,因此,积累更多的素材是非常重要且必要的。关于健美操创编人员的素材,可以通过创编人员自身的学习和掌握获得,也可以来自老师的教授,还可以来自健美操比赛视频、书籍资料等,有效激发出创编人员的创新意识,让创编人员能够较好地熟悉健美操动作,慢慢发现健美操动作风格特点、音乐间的节奏以及创编的技巧等,以此来进一步发散创编人员的思维,将他们的创编兴趣激发出来,积累越来越多的创编素材,以此来使健美操创编人员的创编能力得到优化和提升。

3. 加强对音乐感知觉的训练

音乐在健美操中是处于灵魂地位的,不可或缺。音乐的重要性还体现在其对创编者创作热情的有效激发,调动参与者表现欲望等方面。可以说,音乐是健美操教学中必须高度重视的重难点之一。

加强音乐感知觉的训练,最主要的途径就是多听、多看、多练。只有将音乐这一灵魂抓好了,创编出的健美操才有可能是完美的,因此,加强创编人员音乐方面的感知觉的培养与训练是非常重要的。

（六）加强健美操创编实践活动的开展

在平常的健美操创编教学过程中,要重视基本的训练,同时,也不能忽略了课外的辅助提升,这就要求在良好的健美操创编环境设施上给予保障,并且还要积极地给创编人员争取健美操创编实践的机会。

在健美操创编教学过程中要针对性地安排教学的进度,注重培养创编人员独立进行健美操创编的能力,定期组织创编人员互相评议健美操的创编效果,互相交流健美操创编的心得,开阔其创新思维能力,激励创编人员的健美操创作热情,鼓励创编人员亲自去参与、去探讨、去追求、去创新。创编人员健美操创编能力的培养必须要注重健美操创编实践,只有不断实践,才能在这一过程中对创编人员自身的情况有更充分的了解和认识,不断总结经验、吸取教训,不断提升和完善自身创编能力。

二、多媒体教学对创编人才健美操创编能力的影响

多媒体教学是健美操创编人员培养和优化创编能力的一个有效举措。但是,关于多媒体教学在这方面的积极影响,很多人还不甚理解。下面就对此加以论述,由此,能够在健美操创编过程中更好地应用多媒体教学,从而也使创编人员的健美操创编能力得到有效提升。

（一）多媒体教学中的理论知识

健美操的教学及创编,是离不开健美操理论知识这一重要前

提条件的。创编人员通过课堂学习,能够充分了解健美操的起源、发展和当前健美操的发展动态,并且能熟练掌握健美操的特点及健身价值。教师通过多媒体教学平台上传相关知识内容,能够使创编人员更加便利地学习和查找相关资料,这对学科前沿知识的了解和更新是非常有帮助的。

(二)多媒体教学中的基础技术动作

健美操学习的内容是非常丰富的,而基础技术动作的学习是众多内容中最为重要的一部分,且不可或缺。在课堂教学中,创编人员的各个方面都是不同的,基础技术动作方面的掌握程度也参差不齐,再加上有效的课堂教学时间这一限制条件,教师可以借助多媒体的独特性,创设一个逼真有趣的学习情境,还可以利用音像剪辑、组合和动画制作等手段来给创编人员营造一种身临其境的感觉,从而为创编人员更快掌握动作要领和方向的变化提供一定的帮助。

(三)多媒体教学中的乐感培养

健美操音乐在风格、旋律、速度上不同,以此为依据所创编出来的健美操就会各不相同。通常,可以将健美操的乐句分为四个小节,前后两个小节相加的八小节组成一个乐段,健美操以左右方向的四小节动作完成一个乐段[①]。因此,这就对创编人员提出了相应的要求,即其要先学会听音乐里的节拍和分段。但是,因为有的创编人员在这方面有所欠缺,所以,就要求教师在课堂上要加强创编人员在这方面的练习,还要在课余时间将多媒体交流平台充分利用起来,使创编人员在该平台上编辑健美操音乐,同时还为创编人员进行课后学习提供便利,有效增加课堂的延续性。

---

① 封静. 多媒体辅助教学对学生健美操创编能力的培养[J]. 现代计算机(专业版),2016(35):80-82.

（四）多媒体教学中的规定动作创编

创编人员在具备了一定的技术动作基础之后，就可以继续学习健美操的创编方法和相关要求了，具体为：将创编人员进行分组，组数没有固定要求，音乐方面可以根据实际需要自选，重新编排所学规定动作的单独技术动作，并自拍一个乐段，将编排的一个乐段的创编操录制并上传至多媒体交流平台。在这一过程中，创编人员可以发现自身存在的问题，教师则会针对具体情况进行及时指导，对典型问题进行及时纠正。

（五）多媒体教学中的考核评价

创编健美操的成套动作并不是统一的，因此，开放式考核是普遍会采用的办法。一般来说，创编人员会在考试前一天将本组创编的健美操视频上传到多媒体教学平台上，然后对创编套路的风格特点、运动强度、重点锻炼部位等进行详细且明确的说明，由其他创编人员打分（共 20 分）。课堂考试中，教师和随机抽取的 5 名创编人员，会根据每组表演的具体情况来进行综合打分（60分）。最后，教师要将每族队员的考核分数最终定下来，确定的依据包括多媒体分数、现场得分和理论作业得分。每组的考核视频会存入多媒体中，以便于创编人员今后进行观摩学习。

第九章　地方高校应用转型背景下健美操人才培养研究

一直以来,健美操人才的培养,都是健美操运动发展的关键环节,受到高度重视。在新时代的背景下,健美操人才培养的发展也要与时代发展相适应。地方高校应用转型,是现代社会发展的一个缩影。党的十八大以来,地方普通本科高校应用转型被正式提上议事日程。作为高等教育领域深化改革的战略举措,高校应用转型也会对健美操人才培养产生一定影响。本章主要对地方高校应用转型背景进行分析,然后,结合地方政府对高校应用型转变的支持与推进,来针对性地探索和研究健美操人才的培养。

第一节　地方高校应用转型背景分析

对于地方高校应用转型,很多人还很陌生,这里主要对这一概念进行分析和介绍,从而使健美操人才培养的实施具有明确的背景支持与结合。

关于地方高校应用转型,其发展是有一定动因的,比如,其是国家发展职业类本科教育的需要,是地方普通本科高校自身解困的需要。另外,经济发展对高等职业教育的需求日益迫切,学者理论上的铺垫与国家政策出台等因素,也是其发展的动因。

一、地方高校应用转型发展的必要性

地方高校应用转型发展,十分必要且十分重要,具体表现在

以下三个方面。

（一）是社会发展的必然要求

21世纪，是以知识和技能为主导的世纪，人才的竞争是竞争的核心所在。经济社会的发展对各行各业所提出的要求都有了进一步的升华，对于高校毕业生来说，具有较高的理论基础已经成为标配。除此之外，较强的动手实践技能是更应该加以重视的。从当前的形势来看，包括地方高等院校在内的众多高等学校仍然存在着重理论知识传授，轻实践技能培养的问题，如此一来，就无法使企业对高素质技能型人才的迫切需要得到有效满足。

（二）是学校发展的必经之路

当前，高等教育扩招，其规模化程度越来越大，这就导致学校在师资和学生的数量方面也大大增加，但是，由于高校教师水平存在着良莠不齐的情况，这就需要高等院校在很多方面都需要进一步提升，比如，开放办学方面、特色专业与师资队伍建设方面、人才培养方面及服务地方等方面。除此之外，高等院校自身的发展应与经济社会的发展相适应。

（三）是学生成才的必然手段

学生进入大学，目的就是通过大学生活的锻炼，逐渐发展成为一名合格的社会工作者，在理论功底和实践技能方面都较为突出。鉴于此，经济社会的不断发展对学生的总体素质和水平的要求也是越来越高的。因此，学生在成长的过程中，一定要注意将理论与实践两者有机结合起来，这样才能保证自身技能的科学性与可操作性。具体来说，学生首先要对相关的理论知识加以学习和掌握，然后将其应用到实践中去，使理论知识对技能的掌握和实际操作起到指导作用；同样，在实践过程中对掌握的理论知识加以应用和验证，这对大学生自身潜能的挖掘和施展是非常有帮助的。

二、地方高校应用转型发展的不同层面及其特征

关于地方高校应用转型的层面划分,有两种:一种是从应用的角度出发,来将其分为教育目的、教学关系、课程执行三个层面,其中,教育目的的转变为核心所在,教学关系的转变处于基础地位,而课程执行则起着重要的导向性作用[①];另一种,具体如下。

(一)学校层面

在地方高校应用转型发展过程中,学校层面的特征主要表现为"统一思想、定位准确、改革创新"格局的形成。全校师生齐心协力,在认识上达成一致,主要探索和研究转型发展思路,具体要以学校实际情况为依据,逐渐使形成的局面与地方经济社会需求相符。与此同时,应用型大学的建设必须具有鲜明的特色,这是处于重要的基础地位的。

(二)学生层面

学生在学校中是处于主体地位的,其是知识与技能的受教者,学习到相关专业知识与实践技能是其在校期间的主要目的所在。学生希望能学有所成,毕业后可以将自己所学的知识和技能充分发挥出来,为社会发展作出自己应有的贡献。但是通过对地方高等学校的办学模式的研究发现,重视理论教学的现象非常普遍,如此一来,学生对实践教学的强烈期望的需求就无法得到满足。因此,如果高等学校能够通过转型发展,转变教学模式,一定能使学生在深化教育教学改革中受益。

(三)人才培养与专业设置层面

人才培养与专业设置是否具有学科优势和专业特色,往往能

---

① 戴红宇,刘小梅.论地方高校应用型转变的三个层面[J].三明学院学报,2017,34(01):91-95.

够将高等学校办学水平体现出来。在学校转型发展不断向前推进的过程中,一定要把握住其中的重点,人才培养和转型发展就是应该被关注的重点之一。除此之外,在人才培养的思路上,也应做到"调结构、促特色、提质量"的要求,积极主动地服务于地方经济建设和社会发展,努力将特色鲜明的专业学科群构建起来,对其进行重点关注,并且使其优势得到有效保持。

三、地方高校应用转型的路径分析

调查发现,地方高校应用转型的发展状况不甚理想,其经历了各种各样的曲折和困难,导致这一现状产生的原因主要涉及相关政策、制度,除此之外,领导的决策力和领导力水平也会对其产生重要影响。首先,要遵循一定的转型原则,这里主要指"实事求是"原则和"积极作为"原则。而转型采用的方式应该是多种多样的,比如,多提倡"部分转型""软转型";政府和社会资本合作筹建新的市场适应性强的专业等。[①] 除此之外,最重要的还是途径的选择。

(一)观念转变

地方高校在进行应用型转变发展时,必须具备的首要条件就是观念转变,其会对转型发展的成功与否产生关键性的影响。观念要转变,思想观念就必须发生改变,不管是学校领导,还是中层干部,抑或是普通教师,都必须要从思想上有对转型发展重要性和紧迫性的理解和认识。

(二)制度建设

地方高校应用转型发展必须在制度建设的保障下进行并完成,可以说,强有力的制度建设能够为改革发展提供指引性纲领

---

① 杨其勇,张杰. 地方普通高校应用转型的动因、历程与出路[J]. 黑龙江高教研究,2017(06):12-15.

指导和支撑,也能成为学校发展的方向性导引。如果能够在政策上给予一定的支持,那么学校中处于主体地位的教师等相关工作人员就会在转型发展这条路上走得更加坚定,在制定的人才培养方案上也更加切实可行。

（三）人才培养

高校本身就是作为人才培养的主要基地存在的,其主要责任是培养人才,并且保证所培养的人才必须适合国家经济建设需要,必须得是国家需要的创新创业能力及综合素质较高的高层次应用型人才。对于很多地方高校,尤其是新建高校来说,多多少少都会存在着这样或者那样的问题和不足之处,从而对高校高素质人才的培养起到了严重的制约作用。因此,地方高校在进行应用转型过程中,应紧抓这一机遇,结合自身问题,明确改革的方向,与此同时,为了提升学校所培养的人才的综合素质水平,需要通过多种途径来实现,比如,设置相关的专业学科群,制定人才培养方案并加以创新,对现有的教学模式加以改革,在实践教学与实习实训基地的建设方面进一步加强,重点对应用型师资加以培养等。

（四）社会合作

当前,高校并不是闭门造车,而是需要与社会进行更多方面的接触。具体来说,积极带动学生参与到社会实践中去,从而保证对外拓展活动的持续进行。如果学校的办学水平较高,那么,其通常会重视实验实习的活动,由此,能使理论教学得到有效巩固,学生的专业技术技能和就业竞争力也会有所改善和提升。除此之外,还应在校内和校外建设实验室、研究中心,以及实习实训基地、大学生创业园,这些都能在一定程度上保证大学生实践实习的顺利进行,同时,这对于大学生实践动手能力、创业意识以及创业就业能力的培养与提升是有所帮助的。

第二节　地方政府对高校应用转型的推进

一、各地政府推进高校"应用转型"的指导思想

各地方政府推进高校应用转型的实施,需要在一定的指导思想下进行,具体可以将其指导思想大致归纳为:使党的十八大以来的重要发展理念和战略部署得到切实有效的贯彻,将党和国家的教育方针、政策切实落实好,对现有教育机制体制进行改革,不仅要始终坚持应用型人才培养模式,还要做到以地方经济社会发展来指明发展的方向,转变传统本科教育,做到产教融合、校企合作,注意所培养的应用型高技能人才必须在实践能力和创新能力方面同时具备较高的水平,地方本科教育结构也进一步优化,使其能够在内涵和形式上都有所发展,地方高校在地方经济社会发展方面要具备较强的能力,在自身条件允许的情况下,将具有鲜明特色的地方性应用型大学建立起来。

二、各地政府推进"应用转型"的反思

各地政府,在推进高校应用转型的过程中,也从中进行了积极的反思,具体可以归纳为以下几个方面。

(一)要凸显出"应用"的鲜明特色

对于我国地方高等教育改革发展来说,应用型大学是其发展结果的一个体现,很多地方高校,都将应用型大学建设作为自身发展的一个重要方向性导引,这样,一批经过转型发展的应用型大学应运而生。除此之外,还有部分高校直接以应用大学命名。应用型大学在短时间内已经在很多地区出现。在这样的情况下,

高校就需要探索和研究如何办好应用型大学这一重要问题。不管高校是怎样的具体类型,办学要为社会、行业、企业服务都是其必须思考的重要问题,这样才能很好地将"应用"特色充分体现出来。

(二)要根据地方需求来对高校合理分类发展加以引导

应用型大学的产生和出现并不是偶然和随机的,而是高等教育多样化发展的必然结果,其决定性因素在于高等教育内外部规律。地方高校应用转型,主要是为了对地方高校办学特色和实力的显现起到促进作用,这也体现出了应用型高校多样化的显著特征。

要在传统院校分类方式上有所突破,地方政府必须采取一系列的措施来加以应对。首先,要在充分了解地方经济发展情况的基础上,明确所需要的人才类型,同时,还要具体分析并区别对待各个地方高校的发展类型,科学引导其合理发展;其次,如果必须要引入第三方,这就需要科学评估当地高校类型与经济社会发展的匹配度,以评估的结果为依据,使地方高校分类发展的合理性得到进一步强化。

(三)优化师资建设,注重行业协同育人

师资队伍是大学发展的基础和关键,可以说,教师的水平在很大程度上决定着大学的发展情况,大学转型的关键就是师资队伍从学术转向应用。师资水平是办学层次的一个重要决定性因素,应用转型需要原有师资队伍从学术型转向应用型,从而摆脱原有的浓厚理论气息,优化教师团队结构。要做到这一点,从学校的角度出发,首先,要借助各种有效的鼓励措施来使一线教师更好地融入社会中,深入企业,用发展的眼光重新认识和看待社会对高等教育的需求,并且针对性地来使自身的实践能力和教学能力在广度和深度上都有所拓展和延伸;其次,是在现有基础上,尽可能使原有的固定格局被打破,减少局限性

的制约,在制度上实现多方面的创新,使教师能够有意愿且积极主动地深入企业进行再学习、再创造,建立真正意义上的双师双能型的教师队伍。

第三节　地方高校应用转型背景下健美操人才培养的发展与实施

一、地方高校健美操应用型人才培养存在的问题

对地方高校应用转型背景下健美操人才培养产生影响的因素有很多,其中,最主要的有以下几个方面。

(一)根深蒂固的传统教学模式

传统教学模式持续的时间长,可以说是根深蒂固了,尽管其在之前的教学活动中起到积极的作用,但是,对当前的地方高校应用转型背景下的健美操人才培养来说,其产生的影响是弊大于利的。调查发现,对于大部分的高校来说,采用的往往还是原先的传统教学模式,即以教师为中心的填鸭式灌输教学,并且采用的教学方法较为单一,教学内容也较为陈旧,没有及时做到更新,这就导致其与现代技术最新发展等方面内容的结合程度是比较低的,其所产生的影响也不够积极。

(二)专业人才培养方案与实际需求标准匹配度不高

首先,地方高校在人才培养与专业建设思路上的明确程度还不够。一方面,大部分高校的人才培养与专业建设仍然是传统的,人才培养方案则是直接借鉴,没有根据自身的实际情况、面向未来综合考虑社会岗位需求和区域经济发展趋势对相应人才知识储备与掌握技能的要求;另一方面,人才培养方案制定过程及

细节还不够完善,学科边界没有引起足够的重视。

其次,对于很多地方高校来说,普遍存在着一些问题,比如,教学内容的空洞化、理论化,应用实践的操作性不佳。

最后,地方高校近年来的不断扩招,使得应用于各项教学、实验室建设的经费大大缩减,这就影响了教学与保障设施的质量,从而进一步影响了学生参与实践进行操作的机会。

(三)忽略了实践教学与实际生产的联系

调查发现,由于我国的传统思想持续时间较长,其产生的影响也较为深远,导致的一个结果就是各高校往往只注重实践教学服务理论教学,却将实践教学与实际生产相联系的事实忽略掉了。事实上,对于大部分的高校来说,其教学过程中所存在的薄弱环节中,通常都涉及实践教学这一方面,具体来说,实践教学条件落后、完善程度较低,实践内容与社会需求是不相适应的。

(四)与应用型人才培养相适应的师资队伍欠缺严重

很多专家学者认为,教师队伍质量的提升会对高校追赶、适应、引领产业发展起到积极的推动作用。但是实际情况却是,这些教师在实践经验和技术专长上都较为欠缺,并不适合进行应用转型。

调查发现,地方本科高校应用型师资队伍欠缺的问题可以从以下几个方面得到反映。

(1)从整体上来说,应用型教师在数量上是严重不足的。

(2)具有专业领域中高级资格认证的教师非常少。

(3)企业高技能型人才与高校教师之间没有很好地实现双向流通。

(4)学校的经费大都放在主要学科的教学上,很少或者根本没有放在教师队伍继续教育上,也缺乏相关政策上的支持,这就制约了教师技能学习提升的积极性。

（五）专业课程设置和课程内容不合理

专业课程设置和课程内容合理性,在高校应用转型中的健美操人才培养过程中所起到的作用是非常重要的。调查发现,地方高校在专业课程设置上和课程内容安排上往往忽略了自身办学的特色、层次和任务等方面,人才培养教学计划的制定与实施也没有做到以本地(省)经济发展状况为现实依据,这就致使很多高校专业课程设置和课程内容欠缺针对性,与社会发展所需之间脱节,无法真正满足地区行业、区域经济的发展需求,市场服务力较低。

二、地方高校健美操应用型人才培养发展的有效措施

（一）明确人才培养理念,制定专业人才培养方案

人才培养需要遵循的一个战略目标就是人才培养理念,其在学校发展中是处于灵魂地位的,要想顺利实现人才培养目标,具有明确的培养理念是有效条件之一。一定要用发展的眼光来确定人才培养理念,与时俱进,可持续发展和服务地方的实现能对当地的经济发展起到积极的引导作用,同时,这样也能为教育的进步提供所需的助推力。

具体来说,专业人才培养方案不仅要以学科边界划分为基础,还要将市场专业技能需求突出出来。具体来说,可以从以下几个方面着手进行。

第一,全面化的调研,多方论证。研究规范性专业指导文件;通过座谈会为应届生与往届生建立沟通;企业访谈;借鉴其他学校的培养方案;动员全体师生进行深入探索;校校合作,形成终稿。

第二,准确定位,明确思路。从整体出发,实现知识、能力、素质共同发展;重视基础,体现教育内容的基础性;优化课程培养方

案;重视培养学生的实践能力;促进学生实现个性发展①。

第三,重点推进,彰显特色。具体来说,就是要精简核心课程,注重培养学生的专业知识技能;设置个性化课程,提倡个性化学习;增加实践教学,提升学生的实践创新能力。

(二)专业设置与地方需求相接轨

专业设置,实际上就是实现资源配置的合理化、最优化的过程,对人才培养目标的实现及教育质量的提升起到积极的促进作用。在设置相关专业时,一定要对其与学科之间的交叉和融合加以考量,同时,还要注意使应用性和实际性得到满足,增强地方经济建设的服务能力,在设置上保持一定的灵活性,有效衔接设置的专业与健美操行业。除了上述这几个方面外,学校还要尽快建立起社会用人单位和毕业生的跟踪调查机制,由此来在固定的时间了解社会用人部门和毕业生的具体情况,并且根据两者之间的相关性和得出的反馈信息,来针对性地设置所需要的专业。

(三)健全"双师型"师资队伍,变革教职工晋升机制与收入分配体制

所谓"双师型"教师,就是具备教学经历和企业经历、理论教学能力和实践应用能力的复合型人才。"双师型"教师的来源具有多样化的特点。除此之外,还要根据实际情况,适当分离开教师待遇与职称这两个方面,将津贴在教职工价值取向中的导向作用充分体现出来;在管理力度上也要进一步加大,这方面主要涉及工作津贴预算及级差管理两个方面。同时,还要使工作内容、工作出色度等对教职工待遇影响尽可能地量化,对不同的相关科研项目和教学贡献等在各项收入和职称评价中的比重进行积极引导。

---

① 常婷.地方高校转型背景下应用型人才培养方案的制订研究[J].中国管理信息化,2019,22(04):204-205.

（四）构建多样化的实践教学体系

对于高校健美操应用型人才培养来说，其包含着很多内容和组成部分。其中，重中之重则当属于实践教学，其能够使学生实践技能的培养得到有力保证。很多学校对实践教学环节质量标准及质量保障体系建设是非常重视的，并且有些已经建设成了相关内容的体系，所涉及的主要有目标、内容、管理、质量监督等方面，除此之外，实践教学体系也得以建立起来。

（五）有效实施推进健美操应用型人才的培养模式

应用型人才培养模式存在缺陷，是导致过去地方高校人才培养产生问题的关键因素所在。学校在进行人才培养的过程中，往往会借助一定的方法和手段，而人才培养模式就是其中成效显著的一个方面。但是据调查发现，绝大多数地方本科院校的人才培养模式并不是从自身出发建立的，而基本上是从升本后向传统高校中拿来用的，将学校自身特色忽略掉了，结果导致培养出来的学生学术性和应用型上都不够精进。各地方高校也竭力推动应用转型，但需要注意的是，应用型人才培养模式的推进难度是非常大的，需要从以下几方面努力。

第一，要利用互联网思维在教学科研环路上有所创新，将应用型人才培养模式的新体系构建起来，从而使人才培养效果得到有效改善[①]。

第二，要通过各种方式和途径来使专业的认知度提升起来，使所打造的人才培养流程是闭环的形式。

综上所述，可见应用型人才培养是高等教育中的重要组成部分，不断完善和创新应用型人才培养模式是高等学校深化教育教

---

① 王洪峰，梁瑞华．地方高校应用型人才培养过程中存在问题及有效实施对策研究[J]．周口师范学院学报，2015，32(05)：137-142．

学改革、全面提高应用型人才培养质量的重要内容[①]。针对应用型人才培养模式的研究主要从人才培养模式改革创新、改革课程教学内容、对改进教学方法、实践教学模式、对改进学生管理和教育模式等方面入手来加以研究,地方高校应用型人才的培养任重而道远。

---

① 张红梅.地方高校转型发展及应用型人才培养模式探究[J].河南教育(高教),2015(02):8-9.

参考文献

[1]黄菁,朱维娜.健美操[M].重庆:西南师范大学出版社,2013.

[2]陈瑞琴.健美操理论与实践创新[M].北京:北京体育大学出版社,2011.

[3]李德玉,胡素霞.健美操[M].北京:化学工业出版社,2012.

[4]李红,冯艳,梁宝君.健美操[M].北京:化学工业出版社,2012.

[5]唐炎,朱维娜.体育人才学[M].重庆:西南师范大学出版社,2006.

[6]胡敏.习近平新时代体育强国思想内涵及高校的任务[J].体育学刊,2018,25(04):1-6.

[7]朱佳滨,姚小林.新时代我国冰雪体育人才培养对接研究[J].哈尔滨体育学院学报,2018(04):6-10.

[8]鲍晓玲,祁红.新疆高校健美操教学发展研究[J].体育世界(学术版),2017(12):143-144.

[9]韩柳.高校健美操教学现状及对策探究[J].青少年体育,2017(12):86-87.

[10]程香.自主性教育模式在大学健美操教学中的应用[J].运动,2018(01):105-106.

[11]张虹.健美操[M].北京:北京师范大学出版社,2008.

[12]张秀敏.福建省高校健美操教师专业素质结构的研究[D].福州:福建师范大学,2010.

[13]张丽.甘肃省高校健美操教师的能力素质研究[D].兰

州：西北师范大学，2008.

[14]王京琼.健美操教学与训练[M].长沙：中南大学出版社，2008.

[15]王颖.高校健美操教师信息化教学能力提升路径研究[J].体育世界（学术版），2018(02):101.

[16]崔园园.福建省高校健美操教师素质能力培养的现状分析与对策研究[J].中国校外教育，2010(S2):237.

[17]王海光.谈体育教练员的基本素质[J].好家长，2017(30):233.

[18]刘青.运动训练管理教程[M].北京：人民体育出版社，2007.

[19]李孟璐.高校优秀健美操教练员应具备的专业素质[J].当代体育科技，2013,3(22):163-164.

[20]车媛媛,陈龙,曹峰.浅谈健美操教练员应具备的素质和教学方法[J].内江科技，2009,30(03):148.

[21]屠丽琴,许晓阳.学校健美操教练员应具备的素养和能力[J].考试周刊，2010(54):175-176.

[22]李洪波.优秀竞技健美操教练员应具备的素质[J].科技资讯，2009(34)172-173.

[23]王放.论健美操教练员的素质[J].体育世界（学术版），2007(02):88.

[24]汪振华,李娟.影响高校健美操教练员执教能力的因素分析[J].北京印刷学院学报，2018,26(01):166-168.

[25]刘会春,冯瑞.影响我国健美操教练员执教因素的探讨[J].知识经济，2010(23):152.

[26]李梓.我国体育院校竞技健美操代表队教练员执教能力的研究[D].北京：北京体育大学，2014.

[27]王艺兰.安徽省健美操教练员知识需求、结构与培养措施的研究[J].安徽师范大学学报（自然科学版），2011,34(06):592-596.

[28]钱琴.健美操教练员创新意识的培养[J].赤子(上中旬),2015(15):266.

[29]李健.以就业为导向,培养健身俱乐部健美操教练员[J].佳木斯教育学院学报,2012(04):322.

[30]崔绿群.南昌市健身俱乐部健美操指导员的现状调查与分析[D].南昌:江西科技师范学院,2011.

[31]马娜.对太原市健美操指导员现状的调查与分析[J].当代体育科技,2016,6(36):175-176.

[32]李孟璐.社会健美操指导员应具备的职业素质[J].当代体育科技,2013,3(25):148-149.

[33]申丽琼,邱勇.社会体育指导员培训教程[M].北京:北京师范大学出版社,2012.

[34]彭彦萍.试论优秀健美操指导员必备的素质[J].内江科技,2012,33(03)183-184.

[35]王炜.长沙市健美操社会体育指导员职业能力研究[D].长沙:湖南师范大学,2008.

[36]冯雯.成都市健身俱乐部健美操指导员素质结构及培养方案研究[D].成都:四川师范大学,2011.

[37]陶乐.中国健美操裁判员管理体系的研究[D].上海:华东师范大学,2014.

[38]李英丽.西安体院健美操专项裁判能力培养的研究[D].西安:西安体育学院,2012.

[39]侯凯.体育裁判员职业道德、身心素质及裁判能力的培养[J].考试周刊,2011(91):131-133.

[40]朱晓龙,李立群.健美操[M].杭州:浙江大学出版社,2014.

[41]侯继来,田秋玲,张亚武.影响健美操裁判准确性的因素及其对策研究[J].搏击(体育论坛),2009,1(05):58+63.

[42]王晓.关于影响健美操裁判员临场执法心理素质及培养探讨[J].南京体育学院学报(社会科学版),2002(06)98-99.

[43]查春华,谢黎红,张夏榕.对健美操创编者能力要素构成

的分析[J].北京体育大学学报,2006(06):859-861.

[44]金换莉.河南省高校体育教育专业学生健美操创编能力培养研究[D].开封:河南大学,2016.

[45]陈秉茂.健美操选项课创编人才培养的现状与对策研究[J].四川职业技术学院学报,2011(04):89-90.

[46]高诗礼.浅析健美操专业学生创编能力的培养[J].当代体育科技,2017(18):133-134.

[47]封静.多媒体辅助教学对学生健美操创编能力的培养[J].现代计算机(专业版),2016(35):80-82.

[48]李爱梅.浅谈地方高校应用型转型发展之路——以重庆某高校为例[J].品牌(下半月),2015(06):316.

[49]戴红宇,刘小梅.论地方高校应用型转变的三个层面[J].三明学院学报,2017,34(01):91-95.

[50]杨其勇,张杰.地方普通高校应用转型的动因、历程与出路[J].黑龙江高教研究,2017(06):12-15.

[51]张洪.地方政府推进高校应用转型的策略与反思——基于部分省市推进高校应用转型的政策文本分析[J].兰州教育学院学报,2018,34(07):104-106.

[52]常婷.地方高校转型背景下应用型人才培养方案的制订研究[J].中国管理信息化,2019,22(04):204-205.

[53]黄金侠,李丽敏,牟晓枫,翟洪波,程鹤,宋国义.地方高校应用型人才培养模式研究[J].教书育人(高教论坛),2019(06):26-27.

[54]王洪峰,梁瑞华.地方高校应用型人才培养过程中存在问题及有效实施对策研究[J].周口师范学院学报,2015,32(05):137-142.

[55]张红梅.地方高校转型发展及应用型人才培养模式探究[J].河南教育(高教),2015(02):8-9.